Errores épicos en la historia de Estados Unidos

27 fracasos históricos que forjaron el futuro de la nación y dejaron valiosas lecciones

Índice de contenidos

Introducción

El camino de Estados Unidos, desde los inicios de la era colonial hasta la independencia y el lugar actual de superpotencia mundial, no fue fácil. De hecho, fue una montaña rusa de violencia, tensiones, recesiones económicas y todo tipo de luchas humanas que solo pudieron superarse gracias al espíritu indomable que define la experiencia y el progreso estadounidense. Aunque los conflictos de todo tipo son comunes en el nacimiento de la mayoría de los países, Estados Unidos ha seguido una trayectoria de desarrollo histórico que es única en muchos sentidos.

Esa trayectoria ha estado marcada por grandes éxitos, avances e innovaciones de mentes brillantes de todo el mundo, pero también ha estado marcada por importantes errores, que han afectado profundamente al desarrollo de Estados Unidos como país, al tiempo que han influenciado la mentalidad del pueblo estadounidense. Errores de proporciones épicas han sido comunes a lo largo de la historia de la mayoría de los países, pero cada nación lucha con dificultades particulares. En el caso de Estados Unidos, las tensiones raciales y étnicas en una sociedad muy diversa, el rápido desarrollo capitalista y la política de confrontación entre grandes potencias fueron factores determinantes.

De todas formas, las raíces del fracaso y el desastre tienden a ser las mismas, y casi siempre implican algún error de juicio, error de cálculo, liderazgo deficiente u otras locuras humanas que conducen a consecuencias imprevisibles. Este libro se adentra en muchos momentos de la historia de Estados Unidos en los que decisiones fatídicas y circunstancias trágicas condujeron a errores garrafales, cuyos efectos se sienten incluso en la actualidad. Los fracasos históricos que se abordan en este libro incluyen historias de la política, la economía, la vida cultural, la guerra y muchas otras facetas de la vida estadounidense. El libro relata estos acontecimientos a través de una visión global, al tiempo que examina de cerca sus causas y, lo que es igual de importante, las inestimables lecciones históricas que aportaron.

El estudio de estos errores fundamentales y de su impacto duradero es esencial. Al fin y al cabo, nada ocurre sin la historia, que es un proceso continuo a través de los siglos, como un hilo irrompible que conecta cada acontecimiento con el siguiente. Cuanto más se aprenda de los errores del pasado, más fácil es para las nuevas generaciones tener agencia en los acontecimientos venideros.

Aunque este libro no resuelve las tensiones de la política estadounidense en la actualidad, proporciona los conocimientos necesarios para una reflexión histórica significativa. Es una guía completa, fácil de entender, que estimula a los entusiastas de la historia y es accesible a los principiantes. Como mínimo, le enseña que el éxito de Estados Unidos no debe darse por sentado. El camino que el pueblo estadounidense ha recorrido para llevar a su país a donde se encuentra hoy ha sido largo, espinoso y tortuoso, y las historias de los próximos capítulos son prueba de ello.

Capítulo 1: Fricciones fundacionales

En las décadas que siguieron a la *Declaración de Independencia* de 1776, los Estados Unidos de América eran un país mucho más pequeño, que experimentaba todo tipo de dolores de crecimiento. Como cualquier estado joven, Estados Unidos tuvo que consolidarse económica y políticamente antes de valerse por sí mismo, tras la marcha de la corona británica. Un rasgo notable de la temprana construcción del estado estadounidense, que aún muestra sus efectos residuales, fue el profundo escepticismo respecto de la autoridad federal.

Firma de la Declaración de Independencia'

Uno de los factores clave de la oposición al centralismo fue la experiencia de tiranía bajo el dominio británico en las Trece Colonias. Apenas diez años después de que las Trece Colonias se convirtieran en estados y formaran la unión independiente, empezaron a surgir problemas asociados a un gobierno central débil. Como los artículos de la Confederación prescribían un gobierno limitado, con fondos escasos y sin un ejército fuerte, era atractiva la idea de una revuelta abierta para mejorar las condiciones.

Así, las primeras décadas de la historia de Estados Unidos como nación independiente estuvieron marcadas por una serie de revueltas que produjeron crisis significativas. Por otra parte, estos años problemáticos demostraron la resistencia y adaptabilidad del naciente estado poscolonial. Durante este tiempo, los estadounidenses demostraron una gran capacidad para la deliberación, la resolución de conflictos, el compromiso y la construcción del estado, al tiempo que garantizaban la preservación de las libertades conseguidas por la Revolución estadounidense y sus líderes.

La Rebelión de Shays

Los impuestos elevados fueron una de las dificultades principales que enfrentó la joven república mientras buscaba consolidarse y aumentar su cohesión. Tras la guerra de Independencia, Estados Unidos tuvo que hacer frente a importantes dificultades económicas, entre las que destacaba una deuda de decenas de millones de dólares, contraída para financiar el esfuerzo bélico contra Gran Bretaña. Se trataba de una suma considerable, que pesaba enormemente a la economía subdesarrollada.

Para empeorar las cosas, las Trece Colonias habían dependido naturalmente del imperio en muchos aspectos de su economía. Como era de esperar, la relación del nuevo Estado independiente con los británicos dejaba mucho que desear. Las importaciones británicas se mantuvieron, en gran medida por necesidad, pero los británicos tomaron medidas para limitar las exportaciones estadounidenses, impidiendo que el país mantuviera las relaciones comerciales lucrativas que sostenía antes con partes del Imperio británico.

En medio de estas dificultades, al Gobierno federal le quedaban muy pocas opciones para fortalecer sus finanzas. La opción más obvia era la tributación, y cuando los impuestos aumentaron gradualmente, comenzaron a surgir fricciones. En la década de 1780, la economía de gran parte de Nueva Inglaterra aún se sostenía en la agricultura de subsistencia, como en el caso del oeste de Massachusetts. En gran parte, era una economía de trueque que se basaba en el intercambio de bienes y servicios para mejorar la vida de las personas. Durante la recesión económica generalizada de la posguerra, muchos de los agricultores del oeste de Massachusetts contrajeron deudas con los comerciantes y tenderos del este. Normalmente, estas obligaciones se habrían saldado con bienes y servicios, pero los comerciantes se encontraron con un nuevo problema en los recién independizados Estados Unidos.

Las líneas de crédito que solían recibir de sus socios en Europa se interrumpieron, por lo que ahora exigían pagos en divisas fuertes a cambio de sus mercancías. Así, los comerciantes empezaron a exigir pagos a sus socios estadounidenses en el campo, agricultores que solo tenían sus productos para ofrecer. El problema era la escasez de divisas en EE. UU., especialmente entre los agricultores y en las zonas rurales. En estas condiciones, el estado subió los impuestos para hacer frente a sus deudas de posguerra y pagar sus obligaciones con el Gobierno federal. Esto dio lugar a una cadena de demanda de un bien escaso, las divisas, y cada estrato de la sociedad presionaba a quienes estaban por debajo, provocando tensiones.

En 1786, los artículos de la Confederación llevaban unos años en vigor, restringiendo severamente los poderes del Gobierno federal. Restringir al Gobierno central y equilibrar el poder a favor de los estados individuales era una idea popular, ya que los recuerdos de la tiranía británica estaban frescos. Por muy populares que fueran los sentimientos antigubernamentales de la época, los artículos empezaban a mostrar su ineficacia. La naciente república necesitaba un control central para consolidar su sistema monetario, financiarse a través de los impuestos y consolidarse como país. La Rebelión de Shays puso de manifiesto este punto y dejó claro que Estados Unidos tenía que promulgar algunas reformas para convertirse en una verdadera unión.

Cuando Daniel Shays regresó a casa de la guerra, tras haber contribuido a la independencia de Estados Unidos, le debían dinero, y no era el único. Muchos veteranos como él volvieron a casa con la esperanza de vivir el resto de sus vidas en paz, cuidando de sus granjas y disfrutando de las libertades que habían conseguido. En lugar de ello, llegaron a estados que se habían endeudado durante la guerra y ahora debían pagar. Shays también descubrió que muchos campesinos como él estaban endeudados personalmente, a menudo con cuantiosas hipotecas a las que no podían hacer frente.

Los tribunales cada vez citaban a más deudores, dictaban órdenes de pago y embargaban las propiedades de la gente, aumentando el descontento. Muchos de los granjeros afectados eran veteranos de la guerra de la Independencia y creían firmemente en las ideas fundacionales de la libertad en Estados Unidos. La situación que encontraban en casa estos veteranos les recordaba cada vez más a la tiranía contra la que habían luchado. Una vez más, los estadounidenses independentistas del campo se enfrentaban a impuestos sin representación, y recordaban las premisas fundamentales de los padres fundadores, que sostenían que los hombres libres podían y debían rebelarse contra la tiranía.

Cuando Daniel Shays decidió pasar a la acción directa, descubrió que reunir a una turba de veteranos con ideas afines no era difícil. Todo empezó con una asamblea de granjeros, en el verano de 1786, que primero pidió al estado de Massachusetts suavizar la represión. Exigieron una moratoria de un año en la recaudación de impuestos para aliviar a los agricultores endeudados. También querían que se suspendieran los tribunales, para evitar que confiscaran más propiedades, y que se pusiera en circulación más moneda para lograr un nivel de inflación que permitiera a los granjeros ganar más dinero con sus animales y productos.

Estas exigencias fueron acogidas con frialdad. Como agravante, los campesinos fueron calumniados de traidores al servicio de los británicos, a pesar de que muchos de ellos habían participado en la revolución. Los comerciantes y otros ciudadanos que tenían préstamos pendientes con los granjeros presionaron a la legislatura y denunciaron las peticiones, insistiendo en que todas las deudas se debían pagar de inmediato. En su opinión, los campesinos debían arreglárselas y hacer cualquier cosa a su alcance para saldar sus obligaciones. Ante esta respuesta, los campesinos no tardaron en pasar al plan B, que consistía en armarse y bloquear los tribunales por la fuerza.

Tras un periodo de planeación y conspiración, las bandas armadas comenzaron a llegar a los tribunales en agosto. A finales de mes, asediaron y tomaron el palacio de justicia de Northampton. Cuando los jueces intentaron trasladar sus procedimientos a otro tribunal, fueron recibidos con bayonetas. A finales de septiembre, varios juzgados fueron cerrados. Por esas fechas, Daniel Shays lideró una fuerza rebelde de unos 1.500 hombres, bloqueando incluso el Tribunal Supremo de Massachusetts, en Springfield. Las autoridades tuvieron dificultades para reunir las fuerzas necesarias para sofocar la rebelión, ya que muchos de los milicianos eran lugareños con simpatías por Daniel Shays y la causa rebelde.

Aunque el levantamiento se basó en acciones violentas limitadas y produjo pocas bajas, la situación amenazaba con agravarse. Al frente de estas preocupaciones estaba la enorme armería de Springfield, que era un centro clave de producción y almacenamiento del arsenal federal y albergaba alrededor de 7.000 pistolas y otras armas diversas, incluyendo artillería y pólvora. Ante la aterradora perspectiva de que los rebeldes se apoderaran de estas armas, el secretario de guerra Henry Knox pidió al Congreso que desplegara tropas federales para sofocar la insurrección. El Gobierno federal accedió a esta petición, pero su debilidad quedó demostrada cuando fue incapaz de reunir fuerzas significativas.

James Bowdoin[2]

La tarea recayó en el gobernador de Massachusetts, James Bowdoin. En su discurso ante la legislatura estatal, en octubre, puso de manifiesto uno de los factores clave de la lucha en curso. Bowdoin denunció a los «hombres malvados y arteros» que estaban trabajando duro en sus intentos por «destruir toda confianza en el Gobierno». Tal declaración dejaba claro que acabar con la insurrección era una cuestión de consolidar la unión y afirmar el control. Aun así, los rebeldes recibieron una pequeña concesión, la suspensión temporal del pago de las deudas y de las ejecuciones hipotecarias.

Al mismo tiempo, la legislatura de Massachusetts aprobó la Ley de Motines y la Ley de la Milicia, destinadas a reprimir el componente armado y violento del levantamiento. Estas leyes otorgaban amplia autoridad a los *sheriff* para emplear medidas duras de represión contra cualquier individuo que se negara a abandonar los motines y los grupos armados. Las autoridades podían utilizar la fuerza letal y confiscar las tierras de los rebeldes, mientras que, por otro lado, ofrecían amnistiar a cualquiera que abandonara la rebelión.

Se produjo una pequeña tregua, durante la cual los tribunales entraron en receso, mientras muchos campesinos regresaban a sus tierras para la cosecha, pero las tensiones se reanudaron a finales de otoño. Al comenzar 1787, el gobernador empezó a reunir una milicia de más de 4.000 hombres armados, financiada de forma privada. El general Benjamin Lincoln, veterano de la Revolución estadounidense, estaba al mando de unos 2.000 hombres, que debían restaurar el orden en las zonas rurales del oeste de Massachusetts. La organización de las milicias aseguró que los rebeldes no pudieran poner sus manos en la armería de Springfield, evitando así una gran carnicería.

Aunque el estado había llegado a un punto muerto debido a las dificultades económicas y la corrupción política, el enfrentamiento, en su esencia, era entre patriotas. Shays y sus seguidores creían estar siguiendo los pasos de la revolución, enfrentándose una vez más a un régimen tiránico. Después de todo, los padres fundadores creían que el pueblo tenía el derecho y el deber de derrocar a un régimen así. Para ello, los rebeldes tomaron las carreteras de Springfield, cortando los suministros a las milicias que protegían la armería, el palacio de justicia y otras instituciones, mientras se preparaban para un enfrentamiento.

En el otro bando, quienes se oponían a la insurrección también eran guiados por el patriotismo y la creencia en la Revolución estadounidense. Para quienes trabajaban en el Gobierno, recaudar impuestos era necesario para preservar el país que los padres fundadores habían establecido. Cortar de raíz la insurrección también era una cuestión de sentar precedentes, ya que el fortalecimiento del Gobierno desalentaría futuras revueltas y daría poder a las fuerzas del orden. En cuanto a los prestamistas, su insistencia en cobrar las deudas puede parecer interés particular, pero las exigencias de que se cumplieran los contratos eran en realidad una cuestión de derechos de propiedad, un principio sagrado y un valor fundamental de Estados Unidos.

Tras enviar varios ultimátums a los defensores de Springfield, el ejército rebelde de Shays, compuesto por unos 2.000 hombres, marchó sobre la armería el 25 de enero de 1787. Las milicias habían establecido posiciones de artillería para sofocar el asalto, pero la primera descarga fue disparada como advertencia, muy por encima de los granjeros que avanzaban. Cuando los rebeldes presionaron, la milicia disparó a matar. La descarga mató a cuatro hombres e hirió a muchos más, lo que finalmente obligó a los hombres de Shays a dispersarse. La mayor parte del ejército rebelde regresó a casa poco después, mientras que Daniel Shays y algunos de sus allegados huyeron a Nueva York y Vermont para esconderse. Varios insurrectos de alto rango fueron arrestados y condenados a muerte, acusados de traición, pero finalmente fueron indultados junto con Daniel Shays.

La Rebelión del whisky

La Rebelión de Shays fue aplastada, pero los problemas subyacentes que la habían motivado persistían, al igual que la desesperada necesidad del Gobierno de financiarse. Además, los artículos de la Confederación seguían en vigor, y así permanecieron hasta marzo de 1789, dejando al Gobierno crónicamente desprovisto de poder. A pesar de los problemas no resueltos en materia de gobierno y economía, la joven unión superó la prueba de Shays.

Los estadounidenses demostraron que la Unión les importaba y que podían debatir su futuro orden con madurez, aunque en ocasiones el debate se tornara violento. La efímera Rebelión de Shays fue una señal para muchos de que las cosas debían cambiar y que el Gobierno debía fortalecerse, lo que significaba reconsiderar los artículos. Sin un gobierno nacional más fuerte, no se podía garantizar la supervivencia de la República a futuros desafíos similares a los planteados por Shays. En 1789 fueron revisados los artículos de la Confederación, y fueron reemplazados por el Gobierno federal de la Constitución de Estados Unidos. El nuevo Gobierno contaba con un fuerte cargo ejecutivo, que era el presidente, establecía nuevos tribunales y otorgaba más poderes tributarios al Gobierno. Esta reforma llegó justo a tiempo, ya que un nuevo desafío se cernía sobre el horizonte.

La Rebelión del Whiskey fue el único caso en la historia en el que un presidente estadounidense en ejercicio dirigió a sus tropas a la batalla, o al menos a una batalla potencial, que finalmente se calmó antes de descontrolarse. Sin embargo, el legado histórico de este acontecimiento va mucho más allá de este interesante dato. Al igual que la insurrección liderada por Daniel Shays, la Rebelión del Whisky no produjo muchas víctimas, pero fue un acontecimiento histórico porque fue la primera vez que el Gobierno federal intentó gravar un producto nacional en Estados Unidos.

El controvertido impuesto sobre el *whisky* se introdujo en 1791, propuesto por el secretario del Tesoro, acérrimo federalista, Alexander Hamilton. Tras la ratificación de la Constitución de Estados Unidos en 1789 y la formación del nuevo Gobierno federal, el tema del día siguió siendo la economía. Las deudas incluían unos 54 millones de dólares contraídos por el Gobierno en virtud de los artículos, más un total de 25 millones de dólares adeudados individualmente por los estados. Esta deuda masiva era una oportunidad para que Hamilton promoviera la agenda federalista y consolidara la Unión. El primer paso era construir un sistema financiero que persiguiera la prosperidad a través de la unidad nacional. La primera propuesta práctica de Hamilton fue unir la deuda federal y la de los estados, lo que entró en vigor en 1790.

Hamilton sabía que el país necesitaba más fuentes de ingresos para hacer frente a esta deuda y a otras operaciones del Gobierno, ya que los ingresos procedentes de las importaciones no podían aumentar más. Así fue como Hamilton llegó a la idea de imponer un impuesto sobre las bebidas espirituosas destiladas en Estados Unidos, en particular el *whisky*. En un principio, el presidente Washington se mostró escéptico ante la propuesta de Hamilton, pero tras una gira por Virginia y Pensilvania, los funcionarios del gobierno local que apoyaban el impuesto hicieron cambiar de opinión al presidente.

Entre la introducción del impuesto en 1791 y el estallido de la rebelión en 1794, hubo un periodo de intensos enfrentamientos y una violencia cada vez mayor en respuesta al impuesto. Este periodo impuso una prueba crucial para el Gobierno federal, que se consolidaba rápidamente y ahora tenía una constitución ratificada. Si el Gobierno conseguía imponer su autoridad y demostrar su capacidad para obtener ingresos a través de los impuestos, establecería uno de los pilares más esenciales para la futura labor del Estado. Como era de esperar, no faltaron contradictores a esta propuesta.

Alexander Hamilton[3]

En el período previo a la revuelta armada en el oeste de Pensilvania se produjeron enfrentamientos violentos, pero rara vez mortales, entre los opositores y los recaudadores de impuestos. Inicialmente, los pequeños productores de *whisky* recurrieron a las protestas y expusieron argumentos sólidos en contra del impuesto. El más polémico era que los grandes productores, que podían producir mucho más licor, disfrutaban de tipos impositivos anuales que ofrecían más exenciones fiscales en la medida en que la producción era más grande. La mayoría de estos grandes productores pagaban seis centavos por galón, con la posibilidad de pagar incluso menos si aumentaban la producción.

Mientras tanto, las pequeñas destilerías locales y las empresas familiares tenían una tasa fija de nueve céntimos por galón. Otro problema importante para los pequeños productores era que los impuestos solo podían pagarse en efectivo. Esto suponía un problema, porque gran parte de la economía de las granjas aún giraba en torno al trueque, y los granjeros estaban acostumbrados a pagar sus obligaciones en productos agrícolas, animales y, especialmente, *whisky*. El *whisky* no se estropeaba, como la cerveza, era fácil de transportar y estaba ampliamente disponible. Más que un simple salvavidas para los granjeros, el *whisky* funcionaba a menudo como una forma de moneda.

Las protestas de los campesinos no eran escuchadas, al igual que las exigencias fiscales del Gobierno. Los lugareños solían ignorar sus obligaciones o intimidar a los recaudadores de impuestos. Los funcionarios rara vez podían hacer algo para imponer el impuesto a los desafiantes lugareños, que estaban muy dispuestos a recurrir a la violencia. Durante el periodo de escalada gradual, los campesinos cubrían con brea y plumas a los funcionarios y recaudadores. Lejos del inconveniente cómico y caricaturesco, bien difundido en la cultura popular, el embreado era un castigo duro, que causaba dolor físico y traumas psicológicos a las víctimas.

El 11 de septiembre de 1791, un oficial de impuestos llamado Robert Johnson protagonizó el primer incidente significativo de esta práctica. Disfrazados de mujeres, once hombres le tendieron una emboscada en el oeste de Pensilvania, lo obligaron a desnudarse y lo cubrieron con brea caliente y plumas. Después, lo abandonaron en el bosque. Uno de los hombres enviados para detener a los autores identificados, John Connor, recibió el mismo trato, solo que fue atado a un árbol y abandonado en el bosque. En los años siguientes, los opositores al impuesto utilizaron métodos cada vez más audaces y violentos, irrumpiendo en las casas y reuniendo turbas que agredían a los funcionarios y a sus familias.

Las tensiones alcanzaron nuevos niveles durante el verano de 1794, cuando el alguacil federal David Lenox se disponía a cobrar el impuesto a sesenta granjeros que se negaban a pagar. El 14 de julio se le unió John Neville, recaudador de impuestos y rico terrateniente que simpatizaba con el esfuerzo fiscal del Gobierno. También conocía bien el condado de Allegheny, en el oeste de Pensilvania, por lo que se ofreció como guía de Lenox. Al día siguiente, los dos hombres iniciaron sus labores, visitando primero a William Miller, un destilador que había ignorado la citación. No pasó mucho tiempo hasta que los hombres del Gobierno se encontraron cara a cara con una turba enfurecida, que blandía mosquetes y agitaba horcas. La turba se enfureció aún más por los falsos rumores de que los agentes federales estaban deteniendo por la fuerza a los granjeros, pero Lenox y Neville fueron capaces de calmar la situación y abandonar la zona.

El 16 de julio, una nueva turba descendió sobre la casa de Neville en la mansión de Bower Hill, exigiendo que Lenox se entregara. Tras una breve discusión, Neville abrió fuego contra los intrusos, que se negaban a abandonar su propiedad, matando a uno de los hombres de la multitud. Los esclavos de Neville defendieron el lugar, hiriendo a varios insurrectos y obligándolos a retirarse. Enfurecidos por las bajas, los rebeldes se reagruparon por la noche y reclutaron más simpatizantes, al tiempo que diseñaban su propia bandera rebelde.

Al día siguiente, un ejército rebelde de unos setecientos hombres marchó hacia Bower Hill, en donde esperaban los diez soldados que habían sido asignados para proteger el complejo de Neville. Aunque Neville había evacuado la mansión y se había escondido, los soldados se negaron a rendirse. Los rebeldes permitieron que las mujeres desalojaran el recinto antes de comenzar a incendiar varios edificios, entre ellos las dependencias de los esclavos. Dispararon contra la mansión y lucharon contra los soldados en un prolongado tiroteo, que se saldó con la muerte de James McFarlane, el aparente líder rebelde. Cuando McFarlane cayó, los rebeldes intensificaron sus esfuerzos para quemar todo el lugar y los soldados se rindieron.

Tras su difícil victoria, los rebeldes empezaron a oír rumores de que Washington se disponía a desplegar una milicia para sofocarlos. Otro rico terrateniente del oeste de Pensilvania, David Bradford, simpatizaba con la insurrección. Interceptó algunas cartas procedentes de Pittsburgh, que parecían condenar la insurrección. Esto facilitó a Bradford reunir a miles de hombres para un ataque preventivo contra la ciudad, que pretendía adelantar a los rebeldes al supuesto ataque de George Washington. Alrededor de 7.000 hombres armados marcharon a Pittsburgh, pero gracias a una hábil diplomacia y a la generosidad en forma de *whisky*, la ciudad convenció a los rebeldes de que no atacaran.

En ese momento, Hamilton abogó por enviar tropas a Pensilvania para dar una respuesta decisiva, pero Washington prefirió dar una oportunidad a la diplomacia. Sus intentos de negociaciones pacíficas fracasaron, por lo que finalmente el Tribunal Supremo autorizó la acción militar. Washington reunió una enorme milicia, bien armada, de unos 12.000 hombres de varios estados, incluidas las zonas orientales de Pensilvania. Por suerte, la situación había empezado a resolverse cuando Washington condujo a su ejército a una reunión con los representantes rebeldes.

Los rebeldes le aseguraron que se estaba restableciendo el orden y que no había necesidad de represión. Por supuesto, el presidente hizo marchar a la milicia por el campo, bajo muchas miradas de reproche, pero sin resistencia armada. Algunos presuntos rebeldes fueron detenidos y juzgados, pero la mayoría eran inocentes. De hecho, los dos condenados fueron indultados por el presidente. Al final, las cosas salieron muy bien para el Gobierno. Lo que podría haber sido un asunto sangriento, resultó ser una prueba para el nuevo Gobierno federal y la Constitución. Una prueba que, sin duda, Estados Unidos superó. Sin embargo, las dificultades para recaudar el impuesto del *whisky* persistieron, hasta que finalmente se abolió a principios del siglo XIX.

La Convención de Hartford

En la época de la Convención de Hartford, en 1814 y 1815, la preocupación por el creciente poder del Gobierno y las persistentes dificultades económicas de Nueva Inglaterra se vieron exacerbadas por una guerra con Gran Bretaña. La guerra de 1812, que duró hasta el 17 de febrero de 1815, causó importantes daños a la economía de Nueva Inglaterra, y esto no hizo más que avivar las quejas contra el Gobierno federal. Los representantes del Partido Federalista de Nueva Inglaterra se hicieron oír, y se reunieron en varias ocasiones entre el 15 de diciembre de 1814 y el 5 de enero de 1815. Estas reuniones en Hartford, Connecticut, en las que se discutían diversos problemas que los federalistas tenían con la guerra y el Gobierno, se conocen como la Convención de Hartford.

Aunque la controvertida convención no aprobó ninguna resolución encaminada a la secesión, es probable que el asunto se debatiera, al menos hasta cierto punto. Aunque la convención no disolvió Estados Unidos, fue un hito importante en el desarrollo y la adaptación del federalismo estadounidense. También marcó el inicio de un importante declive del Partido Federalista y de su influencia en la política estadounidense, en parte debido a su oposición a la guerra.

Las reuniones se celebraron en secreto y en ellas participaron delegados de distintas partes de Estados Unidos, como Rhode Island, Massachusetts, New Hampshire, Connecticut y Vermont. Las quejas contra el presidente James Madison eran el punto central. La guerra de 1812, a la que muchos delegados se referían como la guerra del Sr. Madison, fue una parte importante de las discusiones, pero no era la única fuente de insatisfacción. Otro de los puntos clave del debate fue el equilibrio de poder en Estados Unidos. Muchos de los delegados tenían un problema particular con Virginia, porque consideraban que tenía demasiada influencia en el Gobierno federal.

El presidente James Madison[1]

Muchas de las discusiones mantenidas en la Convención de Hartford podían desgarrar el tejido de la Unión. Se demostró que, incluso en la década de 1810, Estados Unidos seguía siendo una república frágil, con un considerable camino por recorrer para cimentar su cohesión. En general, los delegados se dividían en dos bandos principales. Los extremistas, que sugerían que la secesión de Estados Unidos era el camino correcto; y los moderados, que querían enmendar la Constitución y proteger sus intereses dentro de los confines de la Unión. Todo terminó con la protección de los derechos de los estados, que sigue siendo una de las piedras angulares de la política estadounidense. En concreto, la convención aprobó varias resoluciones que criticaban las políticas gubernamentales de reclutamiento y regulación del mercado. Estas reformas terminaron de aprobarse el 4 de enero de 1815.

El principal error de la Convención de Hartford fue que se reunió justo cuando se estaban resolviendo algunos asuntos fundamentales. Por ejemplo, un barco británico que transportaba los términos de paz concluidos en el Tratado de Gante cruzó el Atlántico antes de que la convención finalizara sus resoluciones. El plan era llevar los informes y resoluciones de la convención a Washington y presentarlos como términos, pero antes de que los emisarios de la convención llegaran a la capital, se enteraron de una importante victoria estadounidense en la batalla de Nueva Orleans.

El ultimátum que la convención pretendía presentar al Gobierno quedó obsoleto, ya que gran parte de la crisis había empezado a resolverse. Al final, lo único que logró la Convención de Hartford fue desacreditarse a sí misma y a los federalistas en su conjunto, una vez que el público se enteró del secretismo que rodeaba las reuniones. Los delegados producían desconfianza, escabulléndose en las sombras mientras el ejército libraba batallas contra los británicos. Si la guerra se hubiera perdido, los argumentos de la convención habrían recibido más crédito, pero este final inconcluso satisfizo a gran parte del país, que estaba listo para seguir adelante. La convención fue desechada y mal vista, lo que contribuyó a la caída del Partido Federalista.

Preguntas de recapitulación

- ¿Cómo catalizaron las dificultades económicas del periodo posrevolucionario la Rebelión de Shay y la Rebelión del Whiskey?

_____

_____

_____

_____

- ¿Por qué la Rebelión del Whiskey fue un momento crucial para la autoridad del Gobierno federal?

_____

_____

_____

_____

- ¿De qué manera representó la Convención de Hartford las divisiones ideológicas de Estados Unidos en sus inicios?

_____

_____

_____

_____

Capítulo 2: Raza y etnia - Las luchas de la nación

A lo largo de la historia de Estados Unidos, uno de los temas más controversiales han sido las relaciones raciales. Desgraciadamente, la lucha de Estados Unidos por adaptarse a su diversidad inherente ha sido un problema cultural, económico e institucional, que persiste en la actualidad. Sin duda, Estados Unidos ha avanzado mucho en este sentido, pero siglos de luchas y opresión han dejado efectos residuales difíciles de borrar.

Un cartel de Jim Crow en Estados Unidos[5]

Muchas de estas cicatrices son el resultado de políticas equivocadas y fallos en el sistema judicial de EE. UU., que comprenden varios errores históricos y torpezas legislativas que han dejado un profundo impacto en la dinámica racial estadounidense. Las sentencias judiciales y las leyes discriminatorias contra grupos raciales o étnicos fueron características principales de la experiencia estadounidense en numerosas ocasiones. No solo causaron un daño tremendo en su momento, sino que afectaron profundamente a las generaciones futuras, las dinámicas sociopolíticas y la mentalidad estadounidense en su conjunto.

La decisión Dred Scott

La decisión Dred Scott hace referencia a los acontecimientos que rodearon a una sentencia histórica del Tribunal Supremo, en el caso *Dred Scott contra Sandford*, en 1856-1857. Este caso histórico y su fallo ejemplifican a la perfección todo un espíritu de prejuicios e injusticias hacia los afroamericanos en el periodo previo a la Independencia estadounidense. Aunque el pensamiento progresista y los movimientos abolicionistas ganaron terreno a lo largo del siglo XIX, el sistema jurídico tardó bastante en ponerse al día. En esta época, el sistema legal de Estados Unidos no solo privaba a los negros de derechos fundamentales, como la ciudadanía, sino que directamente les negaba su condición de seres humanos. El caso de Dred Scott fue una representación clara de todos los males de la esclavitud, la discriminación racial y las fuerzas reaccionarias emergentes de la época.

La historia de Dred Scott fue una lucha de diez años que lo llevó por numerosos tribunales, antes de que su caso llegara al Tribunal Supremo. En esencia, la lucha consistía en demostrar a Estados Unidos que él era un hombre y no la propiedad de otro. Scott no pudo comunicar esta verdad fundamental a su país, ya que el sistema falló en su contra. Aunque fue devastador, el completo fracaso del sistema legal en relación con la humanidad conllevaba una victoria oculta, ya que la historia de Dred Scott aceleró la ansiada abolición de la esclavitud en Estados Unidos.

Scott nació alrededor de 1799, como esclavo, en el condado de Southampton, Virginia. Fue propiedad de Peter Blow durante toda su infancia y se trasladó varias veces entre 1818 y 1830 en compañía de su dueño. Durante estos viajes, Scott vivió como esclavo en Misuri y Alabama. El primer dueño de Scott murió en 1832, tras lo cual fue vendido al Dr. John Emerson, cirujano del ejército estadounidense.

Como antes, Scott viajó con frecuencia con su amo, pero con Emerson visitó algunos estados libres, como Illinois y Wisconsin. En Wisconsin, Scott pasó un tiempo en Fort Snelling, donde se casó con Harriet Robinson, también esclava. El dueño de Harriet no se opuso al matrimonio, e incluso la trasladó a Emerson para que pudiera estar con su marido.

Poco a poco, Dred Scott empezó a saborear la libertad, aunque legalmente era un esclavo. Cuando Emerson se marchó a San Luis en 1837, dejó atrás a Scott y Harriet, permitiéndoles trabajar para otros mientras vivían su vida de pareja. El capítulo principal de la historia de Dred Scott comenzó poco después, cuando Emerson se trasladó a Luisiana, donde conoció a Eliza Irene Sanford y se casó con ella. Tras la boda, en febrero de 1838, Emerson invitó a Dred y Harriet a reunirse con él en Luisiana. Después de reunirse, la familia de Emerson y sus esclavos volvieron a Wisconsin. Durante los años siguientes, Dred y Harriet siguieron viviendo con Emerson y tuvieron dos hijas.

Emerson se licenció con honores del ejército en 1842, se trasladaron un par de veces más y luego llegó la inesperada muerte de Emerson, en 1843, mientras vivía en Iowa. Esto significó que Scott y su familia, junto con los otros esclavos de Emerson, pasaron a ser propiedad de su esposa. Irene pronto se trasladó a San Luis y dejó a sus esclavos en alquiler, pero no tenía intención de liberarlos. En esta época, se cristalizó en la mente de Dred Scott el sueño de liberarse a sí mismo y a su familia de la esclavitud. Primero, intentó comprar su libertad a Irene, pero sus ofertas fueron rechazadas.

En 1846, tanto Dred como Harriet probaron suerte con el sistema legal, presentando dos demandas separadas en el Tribunal de Circuito de San Luis, demandando a Irene por su libertad. Los Scott basaron su caso en un estatuto de Missouri que preveía la libertad automática para cualquier esclavo que entrara en un territorio libre, lo que Scott y su esposa habían hecho muchas veces. Por desgracia, los Scott eran analfabetos y necesitaban mucha ayuda con los complicados asuntos del tribunal. Su iglesia, voluntarios simpatizantes e incluso la familia Blow, que había sido propietaria de Dred Scott, les dieron una mano.

El primer juicio, que comenzó el 30 de junio de 1847, no terminó a favor de los Scott, pero el juez permitió un nuevo juicio. El fallo inicial estaba basado en un tecnicismo, ya que el tribunal había argumentado que los Scott ni siquiera podían demostrar que Irene era su propietaria.

A principios de 1850 se celebró otro juicio, que terminó con una sentencia que concedió la libertad a los Scott. Por desgracia, la buena fortuna duró poco, ya que Irene apeló la decisión ante el Tribunal Supremo de Misuri. El Tribunal Supremo revocó la decisión en 1852, y la familia Scott siguió sometida a la esclavitud. En esa época, Irene transfirió la propiedad de los Scott a su hermano, John Sanford.

Scott decidió llevar su caso al ámbito federal en noviembre de 1853, demandando a John Sanford por su libertad ante el Tribunal de Circuito de EE. UU. para el Distrito de Missouri. La demanda federal atrajo mucha más atención sobre la difícil situación de Scott en un país que estaba cada vez más dividido sobre la esclavitud. Desgraciadamente, el tribunal falló en contra de Scott el 15 de mayo de 1854, pero esto fue solo el principio. En diciembre de ese año, Scott apeló la decisión, esta vez ante el Tribunal Supremo de los Estados Unidos. El juicio tardó en comenzar hasta febrero de 1856, pero la presencia del caso en el más alto tribunal del país suscitó más atención y controversia que nunca.

Importantes activistas abolicionistas, políticos simpatizantes y abogados de alto nivel expresaron su interés y ofrecieron su ayuda a medida que el caso iba creciendo y logrando alcances que iban más allá de sí mismo. En el Tribunal Supremo de EE. UU., el caso contra John Sanford se convirtió en *Dred Scott contra Sandford* debido a un error del secretario, que introdujo los registros históricos con el nombre del acusado mal escrito. Para consternación de Scott y de muchos esperanzados opositores a la esclavitud, Scott perdió el caso el 6 de marzo de 1857. El fallo final del Tribunal Supremo explicaba que incluso escuchar el caso de Scott había sido inconstitucional, ya que no era un ciudadano, sino una propiedad.

El dictamen final del presidente del Tribunal Supremo, Roger Taney, bastante elocuente en su infamia, explicaba que ningún afroamericano, libre o esclavo, podía ser ciudadano. Por ello, los estadounidenses de ascendencia africana no tenían derecho a recurrir a los tribunales federales. Además, el dictamen daba a entender que eran los derechos de Sanford los que estaban siendo atacados, en particular su derecho de propiedad, según la Quinta Enmienda. En palabras de Taney, el tribunal opinaba que la legislación, la historia e incluso la Declaración de Independencia demostraban claramente que ni los esclavos importados originales ni sus descendientes (liberados o no) eran «reconocidos como parte del pueblo».

Taney fue ampliamente vilipendiado por una parte considerable de la población, que ya no aguantaba más la esclavitud. El cruel fallo y el dictamen final también pusieron a muchos indecisos en contra de los males de la esclavitud. Y lo que es más importante, la sentencia se interpretó como un intento de impedir futuros debates sobre la abolición, ya que desechaba de plano a todos los afroamericanos y sus reivindicaciones de libertad, por no hablar del derecho a la ciudadanía. La decisión del caso Dred Scott no puso fin a la esclavitud, pero fue un paso importante para consolidar el movimiento abolicionista y profundizar la división en Estados Unidos. Por desgracia, esa división no estaba destinada a resolverse en una conversación. Por el contrario, condujo a la formación de los Estados Confederados, a la secesión y a una espantosa guerra civil tras la Proclamación de Emancipación de 1862.

También fue emblemático en el ambiente sociopolítico de la época el giro del destino que, en última instancia, le dio la libertad a Dred Scott. Antes de que concluyera el caso de Scott, Irene se había vuelto a casar con Calvin Chaffee, congresista y simpatizante de la causa abolicionista. Al ver la hipocresía que suponía tener algo que ver con la esclavitud de Scott, Chaffee vendió a toda la familia Scott a Taylor Blow. Taylor era hijo del propietario original de Scott, Peter Blow. Decidido a hacer lo que su padre nunca había hecho, Taylor liberó a los Scott el 26 de mayo de 1857.

Dred Scott[6]

Como hombre libre, Scott trabajó en San Luis y solo disfrutó de su libertad durante poco más de un año, antes de morir de tuberculosis el 17 de septiembre de 1858. Dejó tras de sí una esposa e hijos libres, y un inmenso legado, ya que inspiró a innumerables abolicionistas de la época y a muchos defensores de los derechos humanos. La difícil situación de Dred Scott también inspiró en gran medida la famosa novela de Harriet Beecher Stowe, *La cabaña del tío Tom*. Además de ser una fuente de inspiración, la historia de Dred Scott sigue siendo uno de los momentos más despreciables de la historia del sistema judicial estadounidense.

La Ley de Traslado de Indios

La Ley de Traslado de Indios de 1830 de Andrew Jackson fue uno de los momentos cruciales de las primeras etapas de la expansión estadounidense hacia el oeste. Fue un espantoso microcosmos de injusticias infligidas a los nativos, en este caso, promulgado como ley y ejecutado de forma muy organizada. La Ley y la posterior reubicación forzosa de las llamadas Cinco Tribus Civilizadas y otros grupos nativos dieron origen al tristemente célebre Sendero de Lágrimas.

El objetivo oficial era un intercambio de tierras con los indios y su reubicación en tierras federales al oeste del Mississippi. La confiscación de tierras muy codiciadas al este del río, ocupadas en aquel momento por nativos de varios estados, era el verdadero objetivo del presidente Jackson y sus partidarios. Sin embargo, la iniciativa se presentó como parte de un esfuerzo por «civilizar» a los nativos americanos e integrarlos en Estados Unidos. También había un falso altruismo en la explicación de que los nativos recibían tierras federales valiosas en forma de reservas.

En realidad, las tierras que los nativos habitaban al este del Mississippi eran bienes inmuebles fértiles y de calidad, y los colonos querían apropiarse de ellos. A lo largo de Georgia, Alabama, Carolina del Norte, Florida y Tennessee, millones de acres estaban habitados por unos 125.000 nativos pertenecientes a las cinco tribus. Estos nativos habían vivido allí durante generaciones, pero sus tierras eran necesarias para la producción de algodón. En menos de una década, iniciando en 1830, los nativos del sudeste de Estados Unidos se convirtieron en una pequeña minoría.

En cierto modo, la Ley de Traslado de Indios fue también una historia de traición a las Cinco Tribus Civilizadas. Las fricciones entre los nativos y los blancos (colonizadores europeos y sus descendientes) eran antiguas y bien conocidas. El concepto de las Cinco Tribus Civilizadas nació de los primeros intentos del Gobierno federal por resolver el aparente «problema indio» mediante la conversión. Este fue el método preferido de George Washington, que hizo grandes esfuerzos por motivar a las tribus *choctaw, chickasaw, seminola, creek* y *cherokee* para adoptar las costumbres de los hombres blancos. Esto significaba aprender inglés en las escuelas, aceptar el cristianismo, adoptar conceptos de propiedad al estilo estadounidense y mucho más. En algunos casos, los nativos «civilizados» llegaron a poseer esclavos en el Sur. Desgraciadamente para los indios, su adaptación a la nación blanca no bastó para permanecer en sus tierras.

La Ley de Traslado de Indios no fue más que el capítulo final de un prolongado periodo de violencia y terror que sufrieron los nativos del sudeste a manos de los colonos. La confiscación de tierras, los robos, los saqueos, los incendios provocados y otras injusticias se habían prolongado durante años, pero la ley de 1830 legitimó los esfuerzos, hasta entonces esporádicos, para expulsar a los nativos. La ley del presidente Jackson fue complementada por leyes propias de los estados para acelerar el proceso. El Tribunal Supremo intervino algunas veces en los casos más atroces, pero no había forma de detener la marea.

Situadas en la actual Oklahoma, las tierras occidentales destinadas a los nativos no eran más que una oferta sobre el papel. La Ley de Traslado de Indios contenía disposiciones que limitaban los métodos del Gobierno para reubicar a los indios, sin permitir la coerción ni la violencia. Se suponía que los traslados debían negociarse de forma justa y dar paso a una reubicación voluntaria y pacífica. En la práctica, estas estipulaciones eran poco más que letras en un trozo de papel.

A finales de 1831, la tribu *choctaw* se vio amenazada por el ejército estadounidense, que se disponía a invadir su territorio y expulsarlos, tras el fracaso de las negociaciones. Mal abastecidos y sin ayuda del Gobierno, los nativos se vieron obligados a emprender un largo viaje a pie hacia nuevos territorios. Miles murieron, en lo que los *choctaw* describieron como un «camino de lágrimas y muerte». En los años siguientes, las demás tribus corrieron la misma suerte. Algunos de los *cherokee* abogaron por la resistencia armada, pero la mayoría sabía que era una causa suicida.

En su lugar, algunos miembros de la tribu se encargaron de negociar, sin autoridad, el controvertido Tratado de Nueva Echota de 1835. El Gobierno se apresuró a aceptar este trato, que le otorgaba millones de acres de tierra india a cambio de 5 millones de dólares, algunas compensaciones y ayuda gubernamental para la reubicación. La mayoría de la tribu, incluido su líder, John Ross, consideraron el tratado ilegítimo y un fraude. Una gran asamblea *cherokee* solicitó al Gobierno que no legitimara el tratado, pero este fue aprobado por el Congreso de todos modos. Reacios a aceptar lo que consideraban una estafa, la mayoría de los *cherokee* permanecieron en sus tierras.

Este desafío provocó una represión en 1838, cuando el presidente Martin Van Buren envió al ejército para expulsar por la fuerza a los nativos. Las tropas expulsaron a los *cherokee* de sus hogares con bayonetas, saquearon sus pueblos y los obligaron a caminar 1.200 millas hasta sus nuevas tierras. Las condiciones de la larga marcha fueron horribles y, una vez más, provocaron miles de muertes debido a brotes de enfermedades, hambre y mucho más. En la actualidad, la historiografía se refiere al Sendero de Lágrimas como un proceso que duró una década e incluyó numerosas rutas, más de 5.000 millas a través de nueve estados. Al final, ni siquiera el territorio previsto para los indios se libró de los asentamientos estadounidenses, que seguían avanzando hacia el oeste. A principios del siglo XX, el territorio era cada vez más pequeño, y acabó constituyéndose como el estado de Oklahoma. Solo en siglo XXI el Tribunal Supremo empezó a corregir algunos de estos errores, restaurando la reserva india sobre una parte significativa del estado.

La Ley de Exclusión China

La Ley de Exclusión China de 1882 fue otro episodio lamentable en las relaciones raciales estadounidenses, destacada por ser la primera ley federal importante que restringía la inmigración por motivos étnicos. La Ley nació de sentimientos relativamente extendidos en la época. Era un reflejo de las opiniones más amplias de Estados Unidos con respecto a la inmigración en el siglo XIX, especialmente en lo relativo a la mano de obra. Las demandas para restringir la inmigración china procedían sobre todo de los trabajadores, como consecuencia de la disminución de los salarios y otros problemas económicos. Muchos trabajadores culpaban de estas luchas a los trabajadores extranjeros procedentes de China, a quienes consideraban causantes de la caída de los salarios por su disposición a ocupar puestos de trabajo por menos dinero.

Cartel «Los chinos deben irse» en 1885[7]

Es discutible hasta qué punto estos temores eran reales, ya que los chinos constituían una fracción minúscula de la población estadounidense de la época, alrededor del 0,002 %. Independientemente de los verdaderos factores económicos, el sentimiento contra los chinos era lo bastante generalizado y permitía ejercer una presión significativa sobre el Congreso para que hiciera algo al respecto. En medio de la controversia, también había partidarios de esta ley que eran motivados por un tema racial y no laboral, y su agenda tenía el objetivo de mantener la homogeneidad racial de Estados Unidos.

El notable aumento de la migración china a EE. UU. durante el siglo XIX tuvo que ver con el difícil episodio histórico que vivió China en aquella época. Tras las guerras del Opio con los británicos a mediados de siglo y la agitación interna provocada por el declive de la última dinastía imperial, China estaba endeudada, sumida en el caos y la pobreza. Catástrofes naturales, como sequías e inundaciones, empeoraron la situación. Todas estas aflicciones hicieron de China un país casi inhabitable para muchos campesinos, y muchos de ellos emprendieron largos viajes al extranjero en busca de mejores oportunidades.

Tras el descubrimiento de oro en el valle de Sacramento, en 1848, la Fiebre del Oro de California desencadenó la primera gran oleada de inmigración china a Estados Unidos. La afluencia se intensificó en 1852, cuando más de 20.000 nuevos migrantes entraron por San Francisco, y poco tiempo después la intolerancia racial y la competencia laboral provocaron conflictos con los mineros blancos del estado. Al principio, se animó a los chinos a migrar, ya que la Fiebre del Oro había producido una demanda insaciable de mano de obra. Esta demanda aumentó cuando los chinos demostraron ser buenos trabajadores. Entonces, Estados Unidos y China establecieron el libre comercio, lo que permitió la libre entrada de trabajadores chinos a Estados Unidos a partir de 1868, tras el Tratado de Burlingame.

Poco después de su llegada, los chinos hacían mucho más que trabajar en la minería, ya que su ética de trabajo y sus habilidades eran solicitadas en proyectos de construcción de ferrocarriles y otros sectores esenciales para sostener los esfuerzos estadounidenses en las tierras fronterizas. Además de desempeñarse en trabajos manuales, los chinos demostraron un espíritu emprendedor, abriendo restaurantes, lavanderías, tiendas y otros pequeños negocios. Desgraciadamente, cuanto más éxito tenían, más eran considerados una amenaza por una parte significativa de la sociedad estadounidense. La primera respuesta legislativa a la afluencia de inmigrantes fue el Impuesto a la Licencia de Mineros Extranjeros, que California dirigió específicamente a los mineros chinos. No pasó mucho tiempo hasta que las fricciones se intensificaron y las cosas empezaron a ponerse violentas, con ataques cada vez más frecuentes a los inmigrantes chinos.

El trato injusto que recibían los inmigrantes chinos por parte del sistema judicial contribuyó enormemente a la violencia, ya que prácticamente fomentaba los ataques. Tras procesos judiciales muy controvertidos en el Tribunal Supremo de California a mediados de la década de 1850, se hizo evidente que los inmigrantes chinos, al igual que los afroamericanos y los nativos, no podían ser utilizados como testigos, especialmente si declaraban contra los blancos. En la práctica, esto significaba que los chinos carecían de protección legal contra la violencia, que era preocupantemente habitual. En los años siguientes, a pesar de su deplorable estatus legal, los trabajadores chinos continuaron aportando millones de dólares en ingresos al Gobierno a través del Impuesto de Licencia de Mineros Extranjeros. En 1870, el gobierno había ganado 5 millones de dólares con estos impuestos, todo mientras los chinos eran atacados y discriminados sistemáticamente.

Para entonces, el sentimiento antichino de los trabajadores de California había adquirido la forma de un movimiento estatal. Aunque los chinos constituían una pequeña fracción de la población total de Estados Unidos, la afluencia de inmigrantes creó importantes comunidades chinas en la costa oeste. En la segunda mitad del siglo XIX, a medida que estas poblaciones crecían, los chinos demostraron ser mineros muy capaces, lo que no hizo sino exacerbar la intolerancia contra ellos. Antes de que se promulgara la Ley de Exclusión China, los descontentos locales ya habían empezado a presionar a los chinos para que abandonaran las zonas de extracción de oro, obligando a muchos de ellos a trasladarse a San Francisco. En la ciudad, solo podían hacer trabajos agotadores y serviles por salarios muy bajos.

En el periodo previo a la Ley, los chinos fueron constantemente calumniados y sometidos a todo tipo de propaganda racial. Eran presentados como extranjeros peligrosos y la competencia laboral siempre estaba en el centro de la cuestión. Las declaraciones del senador John F. Miller, uno de los principales partidarios de la Ley, lo ejemplifican perfectamente. Describió a los chinos como máquinas, casi inmunes al calor o al frío, y con músculos de hierro. Sin embargo, las declaraciones no eran halagadoras, ya que su objetivo era estigmatizar a los trabajadores chinos como injustamente aventajados y destructivos para el mercado laboral estadounidense. Estos estereotipos fueron decisivos para apoyar a las organizaciones sindicales a presionar por una legislación antichina, con el objetivo principal de prohibir, al menos temporalmente, la inmigración china.

Según todos los indicios, se trataba de un movimiento popular originado por sentimientos muy generalizados. Algunos estudiosos argumentan que la iniciativa partió de las altas esferas, alentada por los políticos para avivar el fuego y ganar votos. Sin embargo, habría sido difícil de lograr sin un prejuicio preexistente y espontáneo de la población general. De hecho, el sentimiento antichino se describe como un rasgo inherente de la cultura y la dinámica sociopolítica estadounidenses de la época, al menos en la costa oeste.

Al final, triunfó la demanda popular y el Gobierno actuó. Cuando el presidente Chester A. Arthur firmó finalmente la Ley de Exclusión China, pretendía detener la inmigración china durante diez años. La ley también estipulaba que los inmigrantes chinos no podían naturalizarse, lo que les impedía a los que ya habían inmigrado obtener la ciudadanía. Después de que la Ley se hizo oficial, el 6 de mayo de 1882, hubo algunos esfuerzos para derribarla por inconstitucional, pero fueron en vano. Sin embargo, la Ley de 1882 fue solo el principio, y en los años siguientes fue modificada para ser aún más restrictiva.

La Ley de Exclusión China, junto con sus posteriores enmiendas, hizo mucho más que impedir la llegada de nuevos inmigrantes chinos a Estados Unidos. En muchos sentidos, la legislación hizo la vida más difícil a los chinos que ya vivían en Estados Unidos, al tiempo que facilitaba las deportaciones. Por ejemplo, salir de Estados Unidos y volver se hizo cada vez más difícil, hasta que finalmente se convirtió en imposible. Al principio, los chinos estadounidenses solo podían volver a entrar en EE. UU. con un certificado especial. La ley se modificó en 1884 para dificultar aún más el reingreso, independientemente del país de origen, ya que los chinos quedaban excluidos de toda posibilidad de convertirse en ciudadanos.

En 1888, la Ley Scott mejoró la Ley de Exclusión China, que prohibía totalmente el reingreso, y permitió algunas excepciones para profesores, funcionarios del Gobierno, comerciantes y algunos otros grupos. Esto significaba que ningún trabajador chino legal en Estados Unidos podía volver a China para visitar a sus familiares sin que se le prohibiera permanentemente el ingreso a Estados Unidos. El controvertido caso de 1889, *Chae Chan Ping contra Estados Unidos*, fue consecuencia directa de este problema. Ping ni siquiera era consciente de lo estrictas que se habían vuelto las disposiciones antichinas en su ausencia e intentó regresar a Estados Unidos después de visitar a sus padres en China.

A SKELETON IN HIS CLOSET.

Una caricatura que muestra al Tío Sam protestando contra la exclusión rusa de los judíos estadounidenses, mientras se enfrenta a la exclusión estadounidense de los chinos'

Conmocionado por la prohibición de entrar en el país en el que había construido su vida, Ping intentó impugnar las leyes y llevó su caso ante el Tribunal Supremo. Tanto la Ley de Exclusión China como la Ley Scott fueron declaradas constitucionales y se prorrogaron otros diez años mediante la Ley Geary de 1892. La Ley Geary también estipulaba que los residentes chinos debían poseer documentos especiales y llevarlos consigo en todo momento. Se trataba de certificados de residencia expedidos por el IRS, y la no presentación del documento para su inspección en cualquier instancia daba lugar a un juicio. Tras la sentencia, estos residentes eran condenados a trabajos forzados o deportados inmediatamente, sin posibilidad de fianza, a menos que el chino acusado pudiera convocar a un testigo blanco que respondiera por él.

En todos estos años, el único factor positivo en la situación de los chinos estadounidenses fue que se les permitió testificar ante los tribunales a partir de 1882. En todas las demás áreas, sus derechos se redujeron cada vez más a medida que pasaban los años. Cada vez que se impedía a un chino estadounidense volver a entrar en Estados Unidos, se violaba mucho más que su libertad de movimiento. Además de romper familias, las leyes antichinas violaban los derechos fundamentales de propiedad de los chinos cada vez que se les denegaba el reingreso, privándolos de todo lo que ganaban y poseían en Estados Unidos tras años de duro trabajo.

Estas leyes discriminatorias siguieron siendo populares durante mucho tiempo, y sin duda fueron eficaces, ya que provocaron un descenso significativo de la población china en Estados Unidos. El siglo XX trajo aún más restricciones, con la prohibición permanente de la inmigración china en 1902. Estas medidas sentaron un precedente y un marco de acción para futuros esfuerzos legislativos por limitar o prohibir la inmigración de países y grupos étnicos específicos, que siguieron hasta bien entrada la Segunda Guerra Mundial. Todos los chinos que aún vivían en Estados Unidos, muchos de ellos nacidos allí, tuvieron que esperar hasta la Ley Magnuson, de 1943, para tener la oportunidad de obtener la ciudadanía. Esta Ley fue un movimiento para aplacar a China en medio de la guerra de Estados Unidos con Japón y respondió a la necesidad de formar alianzas en Asia, ya que Japón era un aterrador enemigo común en aquel momento.

Preguntas de recapitulación

- ¿Cómo exacerbó el fallo del caso Dred Scott las tensiones entre el Norte y el Sur?

_____

_____

_____

_____

- ¿Qué motivaciones económicas y territoriales subyacían a la Ley de Traslado de Indios, más allá de los meros prejuicios?

_____

_____

_____

_____

- ¿De qué manera reflejaba la Ley de Exclusión China las opiniones generalizadas de Estados Unidos sobre la inmigración y la mano de obra a finales del siglo XIX?

_____

_____

_____

_____

Capítulo 3: Los primeros terremotos económicos

Como país y cultura que hace hincapié en las libertades económicas y el libre mercado, Estados Unidos no ha sido ajeno a episodios periódicos de perturbación económica. Debido a la crisis financiera mundial de 2008 y a la muy reciente recesión económica tras la pandemia del COVID-19, las dificultades económicas aún están frescas en la memoria. Mucho antes, sin embargo, Estados Unidos atravesó varias tormentas económicas que sacudieron profundamente el país y la percepción pública de su sistema financiero.

Desempleo durante la Gran Depresión[9]

El país tuvo que adaptarse y sobreponerse en muchas ocasiones, a veces mediante una amplia intervención gubernamental. Estas intervenciones produjeron diversos resultados, mientras que en otros casos, la falta de voluntad del Gobierno para intervenir acarreó sus propios problemas. Este capítulo analiza varios de estos episodios, principalmente a finales del siglo XIX, en el periodo de entreguerras con la tristemente célebre Gran Depresión y en los albores de la era digital, a principios del siglo XXI. Aparte de su destructividad económica, la importancia de los problemas financieros de la historia de Estados Unidos sigue radicando en las repercusiones sociales que provocaron y en las reformas políticas y legislativas que cada crisis hizo necesarias. Como en todos los demás aspectos de la vida estadounidense, las crisis económicas del país han demostrado la capacidad de Estados Unidos para adaptarse y reformar sus sistemas en respuesta a cada desafío.

El pánico de 1893

Mucho antes de los infames colapsos económicos del siglo XX, Estados Unidos tuvo un encuentro significativo con la depresión económica en la década de 1890. El pánico de 1893 y sus consecuencias se extendieron hasta 1897 y causaron estragos en diferentes sectores de la economía estadounidense. Aparte de las vidas que arruinó, esta depresión produjo importantes repercusiones políticas que dieron lugar a varias ramificaciones en la política estadounidense, sobre todo en materia de regulación. El pánico provocó el cierre de unas 15.000 empresas y 500 bancos en medio de una dramática caída del mercado bursátil. El Tesoro estadounidense también se vio afectado, experimentando una preocupante disminución de sus reservas de oro, lo que llevó al presidente Cleveland a pedir prestado a Wall Street. Como era de esperarse, la presidencia sufrió un duro golpe político como consecuencia de la crisis.

Como ocurre con la mayoría de las crisis económicas de la historia, las causas del pánico de 1893 se han analizado y teorizado durante mucho tiempo. Es difícil encontrar un único culpable en una confluencia de ingredientes que se mezclaron para formar una enorme tormenta económica. Una de las causas tuvo que ver con las inversiones en Argentina, un país que experimentó pérdidas en sus cosechas y un intento de golpe de Estado en 1890, lo que provocó un gran trastorno en la inversión extranjera. Las inversiones, a menudo de carácter especulativo, fueron fomentadas por Baring Brothers, un banco mercantil británico. Por esa época, también se inyectaron grandes inversiones especulativas en propiedades sudafricanas y australianas, que experimentaron un colapso similar.

La inestabilidad de las inversiones causó inquietud en varios países europeos, que ya habían entrado en un periodo de recesión económica, en particular Francia, Alemania e Inglaterra. A partir de 1889, Francia ya estaba en recesión, y poco después los negocios se ralentizaron en Alemania e Inglaterra. La incertidumbre sobre el futuro desencadenó un periodo de estancamiento del oro y una importante venta de acciones de empresas estadounidenses por parte de los europeos. Todo ello desencadenó una huida hacia el oro por parte de los inversores europeos que antes tenían su dinero en el Tesoro estadounidense, ya que la moneda se percibía como menos valiosa y segura. Las monedas fabricadas con metales preciosos refinados eran especialmente codiciadas. En pocas palabras, un número cada vez mayor de inversores trató de abandonar el dinero en efectivo y asegurar sus riquezas, convirtiéndolas en oro y en metálico. Todo ello creó un clima general de vulnerabilidad económica y financiación inestable.

Otro factor importante del pánico fue la creciente burbuja ferroviaria, una de las características de la precedente Edad Dorada entre las décadas de 1870 y 1880. La Edad Dorada fue un periodo de expansión y crecimiento sustancial de la economía estadounidense, que era vulnerable debido a su alta dependencia de las materias primas internacionales de alto valor. Cuando los precios del trigo se desplomaron, en 1893, en gran parte debido a los problemas de Argentina, los efectos sobre el crecimiento económico y los patrones de inversión fueron significativos. La burbuja ferroviaria fue el resultado de la aceleración de la construcción en la década de 1880, impulsada por el crecimiento de la Edad Dorada. Cuantos más proyectos de construcción surgían, más lucrativo parecía el sector para los inversores, lo que llevó a un exceso de construcción.

Para complicar aún más la situación, había una sobreabundancia de plata, resultado de un número exponencialmente creciente de minas en el oeste de Estados Unidos. Muchas de las personas que poseían plata querían simplificar el proceso de convertir el metal en dinero, lo que dio lugar a un amplio debate en Estados Unidos, impulsado en gran medida por el movimiento Free Silver. Los mineros querían aumentar la demanda de plata y querían convertirla en moneda sin la mediación de ninguna institución central.

Estos grupos de interés encontraron aliados entre los agricultores, que buscaban poner fin a la deflación, que en aquel momento estaba aumentando el valor de sus deudas. Los opositores querían que el Gobierno fuera cauteloso y evitara que la abundancia de plata inundara el mercado. La Ley Sherman de Compra de Plata de 1890 fue el resultado del choque de estas ideas. No liberalizaba por completo la acuñación, pero ordenaba al Gobierno comprar mucha más plata de la necesaria. Como resultado, las monedas de plata se hicieron abundantes, y no pasó mucho para que la gente empezara a cambiarlas por oro.

Las reservas federales de oro disminuyeron drásticamente a partir de ese momento, y esos intercambios dejaron de ser posibles una vez que las reservas cayeron en picado hasta el límite legal. Cuando las monedas dejaron de canjearse por oro, la demanda de plata disminuyó y su valor bajó. Este y otros factores condujeron a la quiebra de los bancos, lo que provocó también la quiebra de las principales compañías ferroviarias. A partir de ese momento, las quiebras se generalizaron en todo tipo de empresas, a medida que el pánico iba en aumento. El 20 de febrero de 1893, justo doce días antes de la toma de posesión de Grover Cleveland, se hizo evidente que la economía tenía problemas.

El primer paso de Cleveland fue hacer frente a la incipiente crisis del Tesoro, para lo cual consiguió que el Congreso derogara la Ley Sherman de Compra de Plata. Sin embargo, la medida fue tardía e insuficiente, ya que el público en general se había enterado de los problemas que se avecinaban. Como siempre, la gente corrió a los bancos para salvar su dinero, causando estragos en el sistema financiero. Al mismo tiempo, cundió el pánico en Londres y disminuyó el comercio en toda Europa, lo que llevó a muchos inversores europeos a vender sus acciones de empresas estadounidenses.

La Edad Dorada fue una época de controles financieros limitados y de intervención gubernamental en el mercado. Con la Ley de Comercio Interestatal de 1887 y la Ley Antimonopolio Sherman de 1890, los reformistas lograron algunos avances hacia el control gubernamental sobre las empresas, pero las reformas no llegaron muy lejos. Gracias a su inmensa influencia, los poderosos empresarios hicieron que estas leyes funcionaran a su favor. Las leyes antimonopolio, por ejemplo, estaban pensadas para acabar con los grandes monopolios, pero en la práctica se dirigían más a los sindicatos, ya que rara vez se aplicaban a los verdaderos empresarios.

La laxa supervisión gubernamental, las diversas burbujas financieras y las bonanzas de la inversión especulativa nacional e internacional durante las décadas anteriores, parecían haber llegado a su fin. Aunque históricamente suele ser eclipsado por la Gran Depresión, el pánico de 1893 y sus consecuencias fueron devastadores. Los cientos de bancos que quebraron reflejaron el colapso de la confianza pública en el sistema bancario, y miles de empresas sufrieron las consecuencias. En la depresión subsiguiente, la tasa de desempleo alcanzó el 43 % en algunos estados, siendo Michigan el más afectado. La inanición se convirtió en un problema frecuente y se crearon centros de comidas para alimentar a los hambrientos. Individuos y familias recurrieron a medidas desesperadas para sobrevivir. En Detroit, el alcalde Hazen S. Pingree tuvo que crear huertos comunitarios para cultivar papas para los hambrientos.

Alcalde Hazen S. Pingree[10]

Aunque algunos estudiosos culpan en gran medida a las políticas anteriores del presidente Benjamin Harrison, fue Cleveland quien se llevó la peor parte en aquel momento. El Gobierno contrajo una deuda considerable con J.P. Morgan y la familia Rothschild en un esfuerzo por mantener el Tesoro a flote. Todo esto condujo a una catástrofe política para el partido de Cleveland en las elecciones de 1894. En 1896, los demócratas estaban fuera de todas las ramas del Gobierno tras una serie de debacles electorales, de las que no se recuperaron hasta 1910. Varias industrias sufrieron grandes pérdidas, especialmente la navegación y la construcción de ferrocarriles. El colapso económico también provocó disturbios, como la huelga Pullman de 1894, que fue aplastada por el ejército.

La caída de la bolsa de 1929

La caída de Wall Street de 1929 también se recuerda como el la Depresión del 29, el Martes Negro o simplemente la Gran Depresión. Dadas sus inmensas repercusiones económicas, este último nombre es quizá el que mejor describe esta monumental catástrofe financiera. La Gran Depresión comenzó en septiembre de 1929, con un repentino desplome de los precios de las acciones en la Bolsa de Nueva York. Teniendo en cuenta todas sus implicaciones, este desplome bursátil fue el más grave en la historia de Estados Unidos hasta entonces y fue una de las principales causas de la Gran Depresión.

Las consecuencias también se prolongaron, ya que la Gran Depresión se expandió por todo el mundo, arruinando millones de vidas en el proceso. Para poner las cosas en perspectiva, entre 1929 y 1932 el PIB mundial se desplomó alrededor de un 15 %. Esta inmensa caída empequeñece la de la gran recesión de finales de la década de 2000, que redujo el PIB mundial en menos de un 1 % y, aun así, causó grandes daños. La caída de 1929 culminó el 24 y el 29 de octubre, días recordados como el Jueves Negro y el Martes Negro, respectivamente.

El punto culminante de esta calamidad de Wall Street fue el 29 de octubre, cuando los inversores negociaron alrededor de 16 millones de acciones en la Bolsa de Nueva York en un solo día. Este récord de operaciones siguió a otro récord sombrío, el 24 de octubre, cuando los inversores llevaron a cabo la mayor venta de acciones de la historia de Estados Unidos. La caída de Wall Street estuvo precedida por un incidente similar en la Bolsa de Londres en septiembre, razón por la cual se considera que el inicio de la Gran Depresión fue en septiembre.

Al igual que el pánico de 1893, la gran caída se produjo tras un periodo de intensa actividad económica, asociado a los llamados «Locos Años Veinte». Durante esta época de lujo, urbanización y excesos, el crecimiento se vio impulsado en gran medida por la expansión del mercado bursátil de Estados Unidos. El país acababa de salir de la Primera Guerra Mundial como una de las potencias vencedoras, con muy pocos daños sufridos, ganándose un puesto en la mesa de las grandes decisiones de posguerra que determinaron el curso futuro del mundo. Los años veinte fueron una época de gran optimismo y entusiasmo, como refleja el auge cultural y artístico que acabó por calificar a la década como «estruendosa». También fue un periodo de prosperidad económica, que dirigió gran parte de ese optimismo hacia la economía y el sistema financiero.

Como siempre, el optimismo sobre el futuro se tradujo en una intensificación de la inversión especulativa en el mercado de valores. Los estadounidenses del campo acudían en masa a las ciudades con la esperanza de sacar su tajada del crecimiento y la prosperidad imparables. Desgraciadamente, la enorme expansión del mercado de valores, que alcanzó un máximo absoluto en agosto de 1929, era un indicador engañoso. Durante los años de este aparente crecimiento, la producción fue disminuyendo, ralentizando la economía que subyacía a las acciones. El valor de las acciones era exagerado y estaba muy por encima de su valor real. Los salarios también se estancaron, porque no podían mantener el ritmo, y esta fue una de las razones por las que creció la deuda. Los bancos concedían grandes préstamos, difíciles o imposibles de liquidar. Por si fuera poco, la agricultura estaba en su propia crisis, en parte debido a la rápida urbanización causada por la migración de la población rural a las ciudades.

Era solo cuestión de tiempo que los precios de las acciones cayeran y se ajustaran al estado de la economía real. Ese proceso comenzó gradualmente en septiembre y continuó a principios de octubre de 1929. El descenso de las acciones se intensificó el 18 de octubre, cuando se produjo una caída notable, lo suficiente para desatar el pánico. Seis días después, los accionistas negociaron cerca de 13 millones de acciones, ya que todos se apresuraron a adelantarse al desplome, agravando así la situación.

Inmediatamente después del desplome, los inversores y los principales banqueros de Wall Street unieron sus recursos para intentar mantener el mercado a flote, comprando determinados valores. Richard

Whitney coordinó el esfuerzo, destinando capital para comprar 25.000 acciones de US Steel por encima de su precio del mercado. Algunas de las inversiones se destinaron a otras empresas y los banqueros lograron un repunte temporal el viernes. Este breve respiro duró todo el fin de semana, aclamado por muchos como una «recuperación» del mercado bursátil. El *Brooklyn Daily Times* publicó en su portada que las acciones se estaban recuperando tras el desplome. Banqueros como Thomas W. Lamont, del Morgan Bank, también hicieron lo posible por tranquilizar al público, calificando el desplome como una «falla técnica» y sin «ningún motivo de alarma».

Sin embargo, el lunes trajo el comienzo de la siguiente crisis, y el Martes Negro no se pudo ocultar la dura realidad. Tras el récord bursátil de ese día, se esfumaron unos 14.000 millones de dólares en acciones. Miles de inversores quebraron por completo y la mayoría de los operadores quedaron a ciegas debido al retraso de los teletipos de las acciones, incapaces de manejar el volumen de operaciones y proporcionar información actualizada. En otras palabras, ¡los precios de las acciones se desplomaron más rápido de lo que nadie podía seguirlos!

Tras la catástrofe del 29 de octubre, se produjo una recuperación parcial de las cotizaciones bursátiles, pero el valor global siguió bajando. El país ya había entrado en la Gran Depresión. Al cabo de tres años, el panorama general del mercado era sombrío y las acciones apenas representaban un 20 % del valor que tenían antes de la gran caída. La confianza en el sistema financiero y en los bancos era mínima, lo que llevó a la quiebra de cerca de la mitad de los bancos estadounidenses en 1933.

Sin embargo, el costo humano fue mucho peor, ya que la Gran Depresión sigue siendo una de las peores calamidades económicas que ha asolado el mundo. El desempleo llegó a alcanzar el 30 % en Estados Unidos, a veces agravado por sequías y tormentas de polvo que destruían las praderas estadounidenses, dando origen al fenómeno conocido como *Dust Bowl*. Huyendo de la desolación y el hambre, los agricultores se trasladaron a las ciudades en busca de trabajo, y muchos de ellos encontraron allí perspectivas igualmente sombrías. Solo después de que Franklin D. Roosevelt introdujera el radical *New Deal*, en 1933, se aliviaron algunos de los peores efectos de la Gran Depresión. Controvertido hasta el día de hoy, el *New Deal* fue un periodo de reformas que supuso una amplia intervención gubernamental, programas sociales y diversos proyectos públicos entre 1933 y 1938. Por muy radical que fuera, tardó años en producir efectos considerables. Aun así, también se argumenta que la rápida industrialización, precipitada en 1939 por la Segunda Guerra Mundial, ayudó a dar un vuelco a la economía.

La burbuja de las puntocom

También conocida como el *boom* de las puntocom, fue un acontecimiento bursátil que marcó la entrada relativamente repentina de Estados Unidos en la era de la información, o mejor dicho, la proliferación de Internet. A finales de la década de 1990 y cerca del cambio de siglo, el mercado bursátil experimentó una gran burbuja, arrastrado por una saturación de nuevas empresas puntocom. La novedad de estos negocios en línea, especialmente las plataformas de compra en línea, incentivó inversiones especulativas excesivas de capital en las nacientes empresas de Internet, lo que provocó un crecimiento masivo, a menudo injustificado, de su valor en el mercado.

Captura de pantalla de la burbuja de las puntocom a finales de los 90[11]

Este auge repentino e insostenible hizo que la caída fuera solo cuestión de tiempo. Esta burbuja en particular siguió un patrón de inversión especulativa y colapso final muy similar al de las dos crisis estudiadas anteriormente. En los tres casos, se dejó que el mercado siguiera su curso, con una supervisión gubernamental limitada, hasta que se produjo el desastre. Los tres desplomes se produjeron tras un periodo de prosperidad, real o percibida, que incentivó las inversiones especulativas. Un aspecto notable de la burbuja de las puntocom fue que la novedad detrás de las especulaciones era particularmente fuerte.

En el periodo previo al pánico de 1893, la construcción de ferrocarriles no era un concepto nuevo, pero se produjo una explosión sin precedentes de proyectos de construcción. A medida que Estados Unidos trataba de ampliar sus infraestructuras y consolidar el control sobre su creciente territorio, la década de 1870 fue testigo de la expansión generalizada de los ferrocarriles, y los proyectos de infraestructuras a esa escala tuvieron cierto grado de novedad, motivando a los inversores a tratar de adelantarse al futuro. A finales de los 90, sin embargo, la llegada de computadoras asequibles y la difusión de internet supuso una novedad, creando una auténtica fiebre del oro digital.

La burbuja de las puntocom comenzó hacia 1995 y alcanzó su punto álgido el 10 de marzo de 2000. La esencia del problema fue que la inversión se impulsó principalmente por la creencia infundada en la prosperidad garantizada de un sinfín de empresas emergentes de Internet que surgían por doquier. Sin un análisis y una estrategia adecuada, muchos inversores se dejaron impresionar por la excitante nueva tecnología, que estaba siendo ampliamente adoptada por el público. A finales de los noventa, era difícil pensar que los negocios en línea pararían de crecer, y todo el mundo quería tener un lugar en la nueva industria antes de su crecimiento. Incluso empresas con pocos beneficios, que ofrecían pocos productos y que ni siquiera tenían un modelo de negocio viable, atraían importantes inversiones usando el discurso de cruzar las fronteras de la tecnología. Todo lo que necesitaban era un mercadeo inteligente para atraer grandes inversiones en sus acciones y hacer crecer masivamente sus capitalizaciones bursátiles.

El sector bancario también contribuyó a la saturación de nuevas empresas en línea, gracias a los bajos intereses de finales de los años noventa. Muchos emprendedores sin la más mínima idea de negocio conseguían préstamos atractivos y registraban nuevas empresas. El aumento masivo del número de empresas en línea solo fue igualado por la velocidad con la que proliferó Internet en Estados Unidos. A principios de 1993, el acceso era poco atractivo debido a las limitaciones tecnológicas, pero un cambio masivo estaba por ocurrir. A finales de ese año, apareció Mosaic, un navegador viable para explorar la World Wide Web, y todo cambió.

La conectividad también mejoró rápidamente y, en 1997, las computadoras habían pasado de ser un lujo innecesario a una necesidad cotidiana. Un mes después del lanzamiento de Mosaic, el tráfico de internet se disparó a la estratosfera. Con préstamos baratos y la irrupción del gran avance tecnológico, una nueva economía se materializó ante los ojos de todos. Todos los empresarios se apresuraron a adelantarse al nuevo y reluciente fenómeno para dejar su huella histórica. En pocas palabras, estaba a punto de comenzar una nueva forma de pensar los negocios.

De hecho, las innumerables nuevas empresas que se incorporaban al mercado no eran atractivas por lo que realmente ofrecían o producían, sino por las promesas de lo que estaba por venir. Gracias a la novedad de Internet, muchos inversores estaban dispuestos a abandonar los modos tradicionales de pensar sobre la inversión y las acciones, precipitándose a confiar en lugar de planear cuidadosamente. El potencial por explotar, que era real, tuvo un efecto cegador en el público. En este contexto, Netscape Communications, un nuevo navegador de 1994, entró en escena y desbancó a Mosaic.

Gracias a la gran difusión de la nueva tecnología, Netscape y otras empresas similares pudieron hacer lo imposible: atraer inversores sin tener beneficios sólidos. Aunque Netscape perdía dinero, fue capaz de desencadenar una fiebre del oro en el mercado de valores. Después de que la empresa salió a la bolsa, el precio de sus acciones se duplicó en un día, elevando rápidamente la capitalización bursátil a unos 2.700 millones de dólares. Tradicionalmente, un valor así tardaría años o décadas en alcanzarse, incluso para empresas de gran éxito. La bonanza de Netscape marcó el comienzo indiscutible de la era de Internet y se abrieron las puertas a varios negocios en línea.

Pets.com fue una de las empresas emergentes de Internet más emblemáticas de la burbuja de las puntocom. Como tienda en línea de artículos para mascotas, atrajo la atención con un mercadeo inteligente, que la presentaba como pionera de una nueva tecnología que ofrecía algo que mucha gente necesitaba. Al igual que muchas otras empresas puntocom, Pets.com fue capaz de reunir una inversión masiva durante la burbuja, pero destinó la mayor parte de ese capital al mercadeo, incluida la costosa publicidad del Super Bowl, en lugar de construir un modelo de negocio sostenible. La empresa tardó nueve meses en quebrar tras su aparición. Ni todo el mercadeo del mundo, ni el apoyo de Amazon.com, pudieron salvar a Pets.com de su desaparición.

A finales de los 90, la mayoría de estas empresas destinaron todo su capital a publicidad, adquisiciones y, en muchos casos, lujos como grandes oficinas y vacaciones para sus empleados. La moda era tan fuerte, que a veces bastaba con añadir «.com» al nombre de una empresa para atraer inversiones. Muchas empresas salían a la bolsa sin ofrecer un producto concreto, montadas exclusivamente en la promesa de grandes cosas por venir en un futuro digital. La rentabilidad, la valoración, los activos y otras métricas tradicionales se calificaban como anticuadas e inaplicables a la nueva y brillante era de la tecnología.

El 10 de marzo de 2000, el NASDAQ Composite alcanzó los 5.048,62 puntos, duplicando su valor en un solo año y subiendo un 529 % desde 1995. Sin embargo, la fiebre no podía durar para siempre; a partir de ahí, todo fue descendente. El desplome posterior se vio acelerado por los planes de la Reserva Federal de endurecer las políticas monetarias y por los bien informados, que empezaron a retirar sus acciones. La recesión anunciada en Japón el 13 de marzo afectó especialmente los valores relacionados con la tecnología, y la presión para vender se descontroló rápidamente.

Cuando los inversores empezaron a retirarse, las reservas de efectivo de las empresas se agotaron rápidamente. Estados Unidos entró en recesión en marzo de 2001 y, en octubre de 2002, el NASDAQ se situaba en 1.114,11 puntos, un 77,9 % menos que en el apogeo de la burbuja de las puntocom. El sector informático se sumió en el caos y se perdieron más de 400.000 puestos de trabajo. Algunas de las empresas puntocom más exitosas lograron salir adelante y se convirtieron en las megacorporaciones que hoy conocemos en todo el mundo. Para la mayoría, la burbuja fue un cruel recordatorio de que las ideas novedosas y las manías capitalistas no sustituyen a modelos empresariales sensatos.

Preguntas de recapitulación

- ¿Cómo evolucionó la percepción pública y la confianza en el sistema bancario tras cada uno de los acontecimientos económicos descritos?

_____

_____

_____

_____

- ¿De qué manera la intervención gubernamental, o la falta de ella, contribuyó a estas crisis financieras o las mitigó?

_____

_____

_____

_____

- ¿Qué patrones de comportamiento especulativo pueden observarse en estos tres periodos?

_____

_____

_____

_____

Capítulo 4: Catástrofes de la Guerra Fría

Estados Unidos tuvo experiencias episódicas con la política de las grandes potencias mucho antes de la Segunda Guerra Mundial, como los enfrentamientos con Gran Bretaña y España y las incursiones coloniales norteamericanas en Filipinas y otros lugares. Sin embargo, tras la Segunda Guerra Mundial, Estados Unidos surgió como una superpotencia indiscutible, con una gran influencia en todo el mundo y fuertes puntos de apoyo geopolíticos y militares en Europa, Asia y más allá.

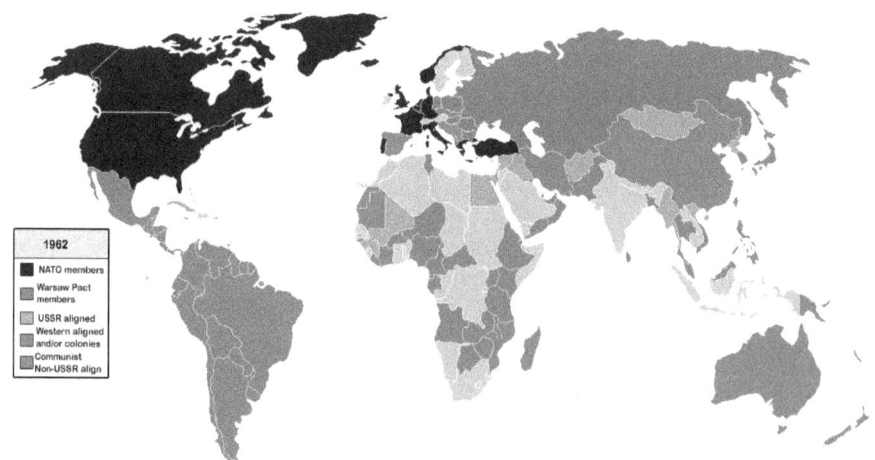

Mapa de la Guerra Fría[19]

La entrada de Estados Unidos en este gran juego no pasó desapercibida, ni su pretensión de supremacía mundial quedó sin respuesta. La peor guerra de la historia de la humanidad dio a luz a un gran contrincante, la URSS y su bloque aliado, y una vez que los soviéticos alcanzaron las capacidades nucleares de Estados Unidos, lo que estaba en juego se elevó a un nivel sin precedentes históricos. Los horrores inconcebibles de una guerra nuclear representaban una perspectiva lo bastante aterradora como para impedir que las dos superpotencias entraran en guerra directamente, pero la rivalidad se desarrolló en todos los demás terrenos. Las décadas de la Guerra Fría estuvieron repletas de encuentros cercanos, conspiraciones, asuntos de espionaje, guerras por poderes y muchos errores escandalosos, parte de los cuales fueron cometidos por Estados Unidos.

La invasión de Bahía de Cochinos

La invasión de Bahía de Cochinos fue uno de los errores militares más escandalosos de la historia de Estados Unidos. Fue también uno de los pasos finales hacia el deterioro de las relaciones entre Estados Unidos y Cuba, que habían decaído rápidamente tras la revolución de 1959. La historia de las relaciones estadounidenses con Cuba es bastante larga y nunca fue muy positiva, ni siquiera antes de la revolución de Fidel Castro. La mayoría de las veces, las relaciones se reducían a acuerdos de completo dominio militar, económico y político estadounidense.

Tras el declive de la influencia española en las Américas, a finales del siglo XIX, Cuba se convirtió en un protectorado estadounidense y no logró la independencia hasta 1902. En la práctica, la independencia cubana dejó mucho que desear, con una presencia militar estadounidense constante en Guantánamo, control político y vía libre para que las empresas estadounidenses entraran y llevaran a cabo sus negocios como mejor les conviniera. Con el tiempo, este estado de cosas provocó un gran descontento entre los cubanos, muchos de los cuales tenían que hacer frente a la corrupción y la pobreza en un país subordinado a una potencia extranjera. En la década de 1950, gran parte de este descontento se dirigió contra Fulgencio Batista, presidente del país apoyado por Estados Unidos.

La llegada de las ideas comunistas y la inmensa influencia soviética en plena Guerra Fría abrieron la puerta al cambio, lo que desembocó en la revolución de 1959, liderada por Castro. La toma del poder en Cuba por parte de un movimiento abiertamente hostil hacia Estados Unidos causó, como era de esperar, indignación en Washington, debido a los claros riesgos para la seguridad nacional estadounidense. Un país alineado con la Unión Soviética, justo en el patio trasero de Estados Unidos, dispuesto a cooperar militarmente con los soviéticos e incluso a permitir la entrada de tropas y otros activos a la isla, era inaceptable para Estados Unidos. La tristemente célebre crisis de los misiles de Cuba, resultado de estas tensiones, fue una clara demostración de la seriedad con la que Estados Unidos se tomaba esta amenaza y de lo lejos que estaba dispuesto a llegar para neutralizarla.

La crisis de los misiles, junto con el posterior colapso total de las relaciones entre Estados Unidos y Cuba, fue el resultado del incidente de Bahía de Cochinos. Con el nombre secreto de Operación Zapata, en honor a una zona costera del sur de Cuba, la invasión fue planeada por la CIA en respuesta a la revolución y a la ruptura de las relaciones con Cuba. Pretendía solucionar rápidamente un problema repentino, neutralizar a Castro y sacar a los comunistas del poder. Sin embargo, a pesar del accidentado legado de la revolución y de los problemas que aquejan a Cuba hasta el día de hoy, el movimiento de Castro era muy popular. El plan de la CIA consistía en reclutar, entrenar y reunir a unos 1.400 cubanos anticastristas que fueron exiliados en las purgas posteriores a la toma del poder por los comunistas. Desgraciadamente para la CIA, este número de soldados no era suficiente para enfrentarse a los revolucionarios, y mucho menos en un país que, en general, apoyaba al nuevo Gobierno.

Batista era esencialmente un dictador, lo que podría haberse tolerado mejor si no hubiera habido otros descontentos de los cubanos frente a él. Además de la represión y la corrupción de su régimen, Batista era amigo de las empresas estadounidenses, a las que muchos consideraban explotadoras extranjeras del pueblo cubano. Cuando Fidel Castro y sus rebeldes emergieron del campo e irrumpieron en el centro de La Habana, el 1 de enero de 1959, el antiguo régimen se derrumbó rápidamente, acompañado de celebraciones en las calles.

Durante el gobierno de Batista, las empresas estadounidenses gozaban de una posición privilegiada en la economía cubana y poseían alrededor de la mitad de las lucrativas plantaciones de azúcar del país, además de minas, explotaciones ganaderas y otros valiosos bienes inmuebles. Castro y sus partidarios querían poner fin a este y otros acuerdos con Estados Unidos, dando paso a una era de soberanía, independencia y renacimiento nacional en el marco de un gobierno comunista. Lo más inquietante para Washington era que esto significaba un cambio drástico en la política exterior y la suspensión de los acuerdos y arrendamientos militares. En cuanto cayó el gobierno de Batista, los comunistas se movilizaron para eliminar la influencia estadounidense en el país. Inició una oleada de nacionalizaciones en todas las industrias cubanas, acompañada de reformas agrarias. Otro gran problema para Estados Unidos era que Castro ambicionaba exportar la revolución, estableciendo contactos con otros comunistas y líderes de izquierda de toda América Latina.

El plan de la CIA para la invasión se elaboró a principios de 1960 bajo el mando de Dwight D. Eisenhower, que dio luz verde a la agencia para hacer los preparativos. El ejército de 1.400 exiliados estaba compuesto principalmente por muchos cubanos que vivían en Miami, bajo el mando de José Miró Cardona, que había estado asociado con Castro. A principios de 1961, las relaciones entre Estados Unidos y Cuba eran prácticamente inexistentes y John F. Kennedy había asumido la presidencia. A pesar de los desacuerdos de algunos de sus asesores cercanos, JFK decidió seguir con el plan de la CIA. El diseño original de la operación tenía defectos evidentes desde el principio. Kennedy también era reacio a involucrar abiertamente a Estados Unidos en una invasión de Cuba, porque le preocupaban las represalias de los soviéticos. La CIA aseguró al presidente que la participación estadounidense sería mínima y se mantendría en secreto. La debilidad de la fuerza de invasión, según la CIA, podría compensarse con un levantamiento contra Castro desde dentro de Cuba, que se desencadenaría una vez comenzada la invasión.

Se eligió Bahía de Cochinos debido a su aislamiento y lejanía, lo que permitiría a una fuerza de invasión tocar tierra de forma encubierta antes de adentrarse en el país. Parte de la fuerza de invasión se cargó en bombarderos B-26 camuflados en Nicaragua y la operación comenzó el 15 de abril de 1961. Un primer paso importante en el plan era destruir la pequeña fuerza aérea de Cuba, que suponía una amenaza considerable para la invasión. Sin embargo, sin que los estadounidenses lo supieran, Castro ya se había enterado del plan, por lo cual ocultó los aviones antes de que comenzaran los ataques.

Los exiliados de la brigada creyeron que recibirían más apoyo aéreo al comenzar los combates, pero esto nunca llegó a materializarse. Tan pronto comenzó la desafortunada operación, Kennedy se dio cuenta de que no sería ni secreta ni exitosa, pero ya era demasiado tarde para cancelarla. El 17 de abril comenzaron los desembarcos principales en Bahía de Cochinos, a pesar del completo fracaso de la fase inicial de la operación. Para entonces, los cubanos ya tenían una emisora de radio operando cerca de la playa, transmitiendo los detalles del desembarco a toda Cuba a medida que se desarrollaba el desastre. Algunos de los buques de desembarco se hundieron al chocar contra los arrecifes de coral cercanos a la bahía, mientras que los paracaidistas que debían proporcionar refuerzos cruciales perdieron sus zonas de lanzamiento.

Atrapado entre las menguantes perspectivas de éxito y la necesidad de mantener en secreto al menos parte de su intervención, Kennedy decidió no enviar más apoyo aéreo a los exiliados. Para conmoción de los exiliados y gran frustración de la CIA, el presidente se negó a aumentar la participación militar estadounidense, temiendo una posible escalada hacia la Tercera Guerra Mundial. Varados, desorganizados y aparentemente abandonados, los exiliados se rindieron ante Castro en menos de un día, con más de cien muertos en combate.

John F. Kennedy[18]

La invasión no hizo sino fortalecer la revolución castrista, ya que supuso una enorme victoria propagandística para los comunistas. En tres días, la imagen de Castro se consolidó como la de un héroe que lucha valientemente contra los imperialistas. Y lo que es más importante, el desastre marcó un punto de no retorno en las relaciones entre Cuba y Estados Unidos, llevando a Cuba aún más a los brazos de los soviéticos, lo que culminó en la crisis de los misiles de 1962. El fracaso no impidió que Estados Unidos intentara derrocar a Castro en los años siguientes, pero quedó claro que la CIA no estaba preparada para dirigir y planificar operaciones militares directas. Esfuerzos como la Operación Mangosta se convirtieron en la forma de la CIA de actuar contra Cuba, centrándose principalmente en torno al sabotaje, los intentos de asesinato, las operaciones encubiertas a pequeña escala e incluso el terrorismo. Todos los intentos de derrocar a Castro y su régimen fracasaron.

El incidente del U-2

Aparte de revoluciones, contrarrevoluciones, golpes de estado y otras luchas de poder en países atrapados entre las superpotencias, la característica más famosa de la Guerra Fría fue el espionaje. Las dos superpotencias no podían entrar en guerra directamente, ya que ambas sabían que podían destruirse mutuamente, pero trabajaban sin descanso para mejorar sus capacidades nucleares. La Guerra Fría fue, por tanto, un periodo de profunda paranoia en ambos bandos y en todos los niveles estatales. A lo largo de esta época, los estadounidenses y los soviéticos desarrollaron muchas formas ingeniosas de vigilarse y descubrir tantos secretos militares del rival como fuera posible. Los agentes que operaban tras las líneas enemigas dominan las películas de espionaje, pero las mayores inversiones se destinaron a los medios aéreos, en particular a los aviones espía.

El llamado incidente del U-2, en 1960, trajo muchas revelaciones sobre tales proyectos y el alcance del espionaje que se realizaba desde el aire. También desencadenó un importante incidente internacional entre Estados Unidos y la URSS en un momento en que la tensión había alcanzado un punto álgido. El reconocimiento aéreo ya era un aspecto crucial de la inteligencia desde los primeros días de la aviación de combate, a principios del siglo XX. Sin embargo, la Guerra Fría trajo consigo avances tecnológicos que impulsaron estas capacidades a un nivel completamente nuevo. El avión Lockheed U-2, coloquialmente llamado Dragon Lady, fue un proyecto altamente clasificado para mejorar dichas capacidades. El U-2 fue decisivo para que los estadounidenses pudieran observar más de cerca y con más detalle las capacidades nucleares soviéticas.

Este avión de última generación apareció por primera vez en 1956 y sigue en servicio hoy en día. Su capacidad de vuelo increíblemente alta, de unos 80.000 pies (24.000 metros), lo hacía muy difícil de detectar y aún más difícil de derribar, convirtiéndolo en uno de los mejores medios de espionaje aéreo de la época. La altitud a la que vuela requiere un equipo especial para mantener la seguridad del piloto, incluido un traje espacial parcialmente presurizado, que garantiza un suministro de oxígeno estable y constante. El traje es necesario porque la cabina también está parcialmente presurizada, lo que hace que las averías que provocan una despresurización sean peligrosas sin un equipo especial.

Cuando los aviones espía U-2 empezaron a sobrevolar la URSS en 1956, los pilotos recibieron una aguja envenenada que les permitía escapar de la captura mediante el suicidio si alguna vez se estrellaban y eran perseguidos por el enemigo. De hecho, los aviones U-2 operaban tan adentro del territorio enemigo, que el envío de un equipo de rescate en caso de accidente era imposible. Revelaciones posteriores demostraron que los soviéticos conocían el programa U-2 desde el principio. Podían rastrear los aviones en sus avanzados radares, pero carecían de medios aéreos o antiaéreos para derribar objetivos a esas altitudes. Esto cambió en 1960, cuando los soviéticos empezaron a desplegar misiles tierra-aire con mayores capacidades.

Cuando el piloto de la CIA Francis Gary Powers despegó en su misión el 1 de mayo, desconocía las nuevas capacidades soviéticas. El vuelo, que partió de Pakistán y debía durar unas nueve horas y terminar en Noruega, terminó sobre Sverdlovsk, la actual Ekaterimburgo en Rusia. El primer misil explotó cerca de la aeronave de Gary Powers, a gran altitud, provocando el descenso del U-2. A menor altitud, el avión espía fue alcanzado por segunda vez y cayó del cielo. Powers sobrevivió al impacto y pudo eyectarse, pero aterrizó cerca de una zona poblada y fue rápidamente apresado por tropas soviéticas.

El incidente desencadenó inmediatamente un escándalo internacional, en el que ambas partes se cuidaron de no mostrar todas sus cartas. Los soviéticos hicieron público que habían derribado un avión espía estadounidense, pero no mencionaron al piloto capturado. Cuando el gobierno estadounidense publicó la noticia de que un avión meteorológico se había desviado accidentalmente de su ruta hacia Rusia, Jruschov publicó una fotografía de Gary Powers capturado y pruebas irrefutables del accidente del U-2. El incidente acabó con los planes de una importante cumbre en París, planeada para acordar la desescalada nuclear, que debía celebrarse el 14 de mayo.

Eisenhower intentó salvar la reunión, confesando la verdad sobre el programa del U-2 antes de la cumbre, pero el daño ya estaba hecho. Los soviéticos abandonaron la cumbre en señal de protesta y los acuerdos de desarme fracasaron. Junto con la escalada de la situación en Cuba, el incidente del U-2 fue otro paso fundamental en el camino hacia la crisis de los misiles de Cuba, uno de los puntos más álgidos y peligrosos de la historia de las relaciones entre Estados Unidos y la Unión Soviética. Mientras tanto, Powers fue juzgado por espionaje a finales del verano de 1960 y condenado a diez años de prisión. Finalmente cumplió menos de dos años de esa sentencia, puesto que los soviéticos lo intercambiaron por uno de sus propios espías capturados, Rudolf Abel. Finalizado en febrero de 1962, este fue el primer intercambio oficial de espías entre EE. UU. y Rusia, una práctica que de alguna manera continúa hoy en día.

El escándalo Irán-Contra

El escándalo Irán-Contra, también llamado *Irangate*, hace referencia a las consecuencias políticas que siguieron a la publicación de uno de los mayores fracasos de la etapa de Ronald Reagan como presidente. El escándalo giró en torno al comercio clandestino e ilegal de armas y la financiación de movimientos paramilitares de dudosa legalidad. Se produjo en el contexto de tres importantes procesos que estaban ocurriendo en el mundo y en Estados Unidos a principios de los años ochenta. En el centro de todo el asunto estaba la brutal guerra entre Irán e Irak, en la que varias potencias extranjeras interfirieron política y materialmente en ambos bandos.

También estaba la cuestión del levantamiento anticomunista de los llamados contras en Nicaragua, un movimiento apoyado por Estados Unidos. En tercer lugar, Reagan había ganado las elecciones presidenciales de 1980, pero su partido republicano no pudo conseguir ni el Senado ni la Cámara de Representantes. Este equilibrio de poder dificultó que la administración Reagan pudiera implementar muchos de sus programas, ya que la mayoría demócrata bloqueaba sus iniciativas.

Una parte esencial del programa de Reagan era la «Doctrina Reagan», que consistía en el compromiso de apoyar prácticamente cualquier movimiento del mundo que luchara contra los comunistas. El objetivo general era frenar la influencia soviética en todo el mundo, y esta doctrina dominó la última década de la Guerra Fría. Nicaragua fue uno de los principales escenarios del enfrentamiento clandestino entre las superpotencias a principios de la década de 1980, debido a una la insurgencia de los contras de derecha, que luchaban contra los sandinistas comunistas y su gobierno.

Los esfuerzos de Reagan por ayudar a los contras se vieron obstaculizados por la Enmienda Boland en el Congreso, que ponía nuevas restricciones a las actividades de la CIA y del Departamento de Defensa en el extranjero. Muchos políticos estadounidenses de la época no compartían el amor de Reagan por los contras, sobre todo porque estaban muy implicados en el tráfico de cocaína. El presidente, en cambio, los comparaba con los fundadores de Estados Unidos. Por ello, el presidente encargó al asesor de Seguridad Nacional, Robert McFarlane, que buscara formas encubiertas de ayudar a los paramilitares nicaragüenses.

En la guerra entre Irán e Irak (1980-1988), Estados Unidos ofreció apoyo a Saddam Hussein y a su esfuerzo bélico, debido al conflicto de Estados Unidos con el gobierno islámico de Irán tras la revolución de 1979. El conflicto entre Estados Unidos e Irán en aquel entonces, al igual que hoy, se manifestaba de muchas maneras diferentes, una de las cuales fue Hezbolá en el Líbano, respaldada por Irán. Al iniciar el *Irangate*, Hezbolá retenía a siete rehenes estadounidenses en Líbano, y recuperarlos era otra tarea prioritaria para McFarlane.

Saddam Hussein[14]

Dado que Irán había enviado sutiles peticiones a EEUU para obtener armas con las cuales luchar contra los iraquíes, McFarlane vio una oportunidad de cumplir sus dos misiones principales.

Así fue como la administración llegó a la idea de vender armas de forma encubierta a Irán, violando su propio embargo comercial, y luego utilizar los ingresos secretos para financiar a los contras en Nicaragua. McFarlane esperaba que acceder a la petición iraní de venderles armas los motivaría a presionar a Hezbolá (esencialmente un órgano iraní) para liberar a los rehenes. Una ventaja añadida, según McFarlane, era la mejora de las relaciones con Líbano. A pesar de la oposición de algunos miembros de la administración, Reagan aprobó la iniciativa.

En 1986, el plan de McFarlane estaba mostrando buenos resultados, pero las cosas llegaron a un punto crítico cuando la publicación libanesa *Al-Shiraa* sacó a la luz el acuerdo de las armas. La desvelada maraña de apoderados, actividades clandestinas e ilegalidades representaba la verdadera política de la Guerra Fría. La primera reacción de Reagan fue negarlo, pero terminó por reconocer el acuerdo clandestino con Irán y Hezbolá. La investigación posterior reveló que se obtuvieron alrededor de 30 millones de dólares de los envíos de armas, 18 de los cuales no fueron localizados. En ese momento, el teniente coronel Oliver North decidió confesar, admitiendo que el dinero había ido a parar a los contras y que la operación no era un secreto para la administración.

El asunto siguió siendo una mancha en la presidencia de Reagan durante el resto de su mandato, con una serie de investigaciones muy publicitadas que acompañaron al escándalo. McFarlane, North y otras doce personas enfrentaron cargos. El presidente no tuvo que hacer frente a ninguna acusación, ya que la Comisión Tower concluyó que su única culpa era la falta de supervisión de sus subordinados, que recibieron la mayor parte del castigo. Oliver North fue declarado culpable de varios cargos, pero su condena fue leve. Recibió dos años de libertad condicional y fue obligado a pagar multas por un total de 20.000 dólares. En los años siguientes, North se convirtió en un conocido autor y activista conservador.

A pesar de plantear algunas cuestiones sobre las extralimitaciones del poder ejecutivo, el impacto del escándalo Irán-Contra en el panorama político nacional fue relativamente menor. Aunque el presidente rompió el embargo comercial de Estados Unidos a Irán y negoció con Hezbolá, reconocida por Estados Unidos como organización terrorista, salió prácticamente indemne del escándalo y de su mandato. No se produjo ninguna pérdida significativa de reputación entre sus partidarios, y Reagan terminó sus dos mandatos como un presidente con altos índices de aceptación.

Preguntas de recapitulación

- ¿Cómo influyó la invasión de Bahía de Cochinos en las posteriores operaciones encubiertas de Estados Unidos?

  _____

  _____

  _____

  _____

- ¿De qué manera influyó el incidente del U-2 en el curso de la Guerra Fría y en las relaciones diplomáticas?

  _____

  _____

  _____

  _____

- ¿Cómo influyó el escándalo Irán-Contra en las opiniones internas sobre las extralimitaciones del poder ejecutivo?

  _____

  _____

  _____

  _____

Capítulo 5: Tensiones raciales

Una de las verdades más tristes de la historia de las relaciones raciales en Estados Unidos es que la abolición de la esclavitud no fue más que un paso en el largo camino hacia la igualdad, que en cierto modo continúa hoy en día. La abolición es uno de los pasos más importantes, por supuesto, pero por sangrienta que fuera la guerra civil, dejó muchas cosas sin resolver. A lo largo del siglo XX, Estados Unidos siguió experimentando episodios de atroz violencia racial, lo que constituye un gran fracaso. Por eso, es imposible hablar de los mayores errores en la historia de Estados Unidos sin hablar de los intensos episodios de violencia racial que tuvieron lugar después de la abolición.

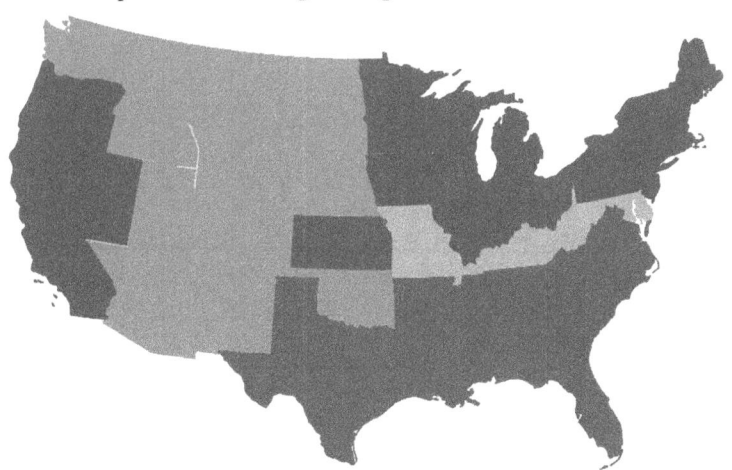

Un mapa de la guerra civil. Los estados en azul permitían la esclavitud y los rojos eran estados confederados[15]

La masacre racial de Tulsa

Aparte de la matanza en sí, uno de los aspectos más inquietantes de la violencia racial extrema en los Estados Unidos del siglo XX es que muchos de estos incidentes fueron enterrados y prácticamente borrados de los registros históricos. La década de 1920 fue especialmente violenta, no solo por el racismo rampante, sino porque la competencia económica exacerbó el problema. A pesar de la magnitud de la violencia, las atrocidades cayeron en el olvido durante las décadas siguientes, y a veces pasaron más de setenta años antes de que las autoridades llevaran a cabo las investigaciones pertinentes. A menudo, los autores no solo se libraban de sus crímenes, sino que muchas de las víctimas nunca eran identificadas y simplemente desaparecían bajo la indiferencia de la historia.

La masacre racial de Tulsa, en 1921, también llamada disturbios raciales de Tulsa o masacre de Black Wall Street, fue uno de los peores ejemplos de esta violencia. Más concretamente, la masacre se produjo en el barrio Greenwood de Tulsa, Oklahoma, cuando turbas armadas de blancos arrasaron manzanas enteras. Aunque fue uno de los peores disturbios raciales y causó cientos de muertos, la masacre de Greenwood fue casi completamente ignorada hasta bien entrado el siglo XXI.

A principios de la década de 1920, Tulsa experimentó un increíble crecimiento demográfico y gran prosperidad económica, debido sobre todo a la industria petrolera. La ciudad llegó a tener más de 100.000 habitantes y fue el hogar de muchos empresarios que buscaban fortuna en los mercados en expansión. Entre la población había unos 10.000 negros. La habitual segregación racial, común en aquella época, hizo que la mayoría de los afroamericanos de Tulsa se concentraran en un barrio llamado Greenwood.

A pesar de los importantes índices de delincuencia y de la debilidad general de las fuerzas del orden en toda la ciudad, la comunidad de Greenwood se convirtió en un faro del espíritu empresarial afroamericano, especialmente en el pequeño comercio. Un distrito específico de Greenwood destacó especialmente por su próspera comunidad empresarial, que le valió el nombre coloquial de Black Wall Street. Greenwood también era conocida y alabada por su autosuficiencia, ya que era el hogar de muchos profesionales negros y personas educadas que prestaban servicios vitales. Greenwood tenía una cadena de tiendas de comestibles, periódicos, médicos, dentistas, abogados, sacerdotes y varios centros de ocio, como cines, que se sumaban a cientos de negocios de todo tipo.

La masacre de Tulsa se produjo en un momento de resurgimiento del Ku Klux Klan y de una tensa situación racial en el país. En los años anteriores se habían producido numerosos disturbios raciales, especialmente durante el Verano Rojo de 1919, cuando turbas de blancos atacaron a residentes negros en varias ciudades del noreste y el medio oeste. Estos incidentes se hicieron aún más frecuentes por inacción y, a veces, incluso complicidad de las autoridades locales. Los linchamientos también eran trágicamente frecuentes. En el verano de 1921, el KKK tenía bastante presencia en Oklahoma, con unos 3.200 residentes de Tulsa que hacían parte del clan.

El brutal ataque a Greenwood se produjo en el punto álgido de una situación perfecta, que incluía competencia racial y económica, veteranos descontentos sin trabajo y una serie de incidentes extremadamente violentos. Todo comenzó con un disturbio aparentemente menor, que los medios de comunicación se encargaron de inflar hasta la explosión. El 30 de mayo de 1921, Dick Rowland se dedicaba a sus quehaceres cotidianos y entró en el edificio Drexel de Tulsa. Lo único que se sabe con certeza es que Rowland, un adolescente negro, entró en un ascensor que manejaba una chica blanca, llamada Sarah Page. Por razones poco claras, Sarah Page gritó y Rowland huyó del lugar. Rowland fue detenido al día siguiente, tras un informe policial.

Incluso antes de que el chico fuera detenido, los medios de comunicación empezaron a darle vueltas a la historia. *El Tulsa Tribune*, por ejemplo, publicó la historia en portada, alegando sin ninguna prueba que Rowland había agredido sexualmente a Sarah. La acusación infundada se extendió por la comunidad blanca de Tulsa, como un reguero de pólvora, y la primera turba se formó antes de que terminara el día. La multitud enfurecida abarrotó el juzgado de la ciudad y pidió al *sheriff*, Willard McCullough, que entregara al muchacho, presumiblemente para lincharlo. El *sheriff* se negó y ordenó a sus ayudantes que defendieran el edificio con el joven dentro.

Mientras los rumores de un enfrentamiento y un intento de linchamiento se extendían entre la comunidad negra, una veintena de veteranos negros de la Gran Guerra se dirigieron al juzgado para ayudar a su defensa. El *sheriff* rechazó su oferta de ayuda, a pesar de que la turba blanca estaba cada vez más agresiva. Un grupo más numeroso de negros regresó al palacio de justicia al caer la noche, pero los 1.500 blancos que había los superaban ampliamente en número. Poco después, se produjeron disparos y los residentes negros se retiraron a Greenwood, tras lo cual comenzó el caos.

Durante la noche del 31 de mayo, hombres blancos armados, algunos de ellos ayudados por el ayuntamiento, cometieron una serie de actos violentos contra los residentes negros. La situación empeoró al amanecer del 1 de junio, cuando se extendió por toda la ciudad el rumor de que había una rebelión negra. Algunos incluso afirmaban que estaban llegando afroamericanos de fuera de Tulsa para unirse a la insurrección. A primeras horas de la mañana, la población blanca de Tusla estaba sumida en la histeria. Miles de tulsanos blancos, muchos de ellos con armas de fuego, asaltaron Greenwood, saqueando, quemando y arrasando todo a su paso.

La turba causó estragos en 35 manzanas de la ciudad, destruyendo más de 1.250 casas y saqueando cientos. Muchas empresas e instalaciones fueron arrasadas, incluidos hospitales, bibliotecas, escuelas, tiendas e incluso iglesias. Algunos testigos presenciales declararon que los alborotadores utilizaron varios aviones privados para sobrevolar Greenwood y lanzar explosivos y artefactos incendiarios, al tiempo que disparaban a la gente desde el aire. Supuestamente, algunos de los hombres que viajaban en los aviones eran agentes de la ley.

Los bomberos que acudieron al lugar no pudieron frenar la matanza, ya que fueron amenazados y obligados a marcharse. Finalmente, el gobernador envió a la Guardia Nacional, pero para entonces los alborotadores ya habían arrasado Greenwood. La primera oleada de la Guardia Nacional consistió en más de cien efectivos, se declaró la ley marcial antes del mediodía y más tarde llegaron más tropas. Los testimonios posteriores sobre la labor de la Guardia Nacional fueron dispares. Las tropas ayudaron a apagar los incendios y en algunos casos fueron atacadas por los alborotadores, pero gran parte de su intervención consistió en detener y desarmar a los ciudadanos negros. El 2 de junio había unas 6.000 personas detenidas, la mayoría negros de Tusla.

Cuando por fin amainó la matanza, la policía retiró todos los cargos contra Dick Rowland, llegando a la conclusión de que seguramente no se había producido ningún incidente de naturaleza sexual en el edificio Drexel. La investigación llegó a la conclusión de que se trataba de un simple tropiezo accidental por parte de Rowland, o que podría haber pisado el pie de Sarah, lo que asustó a la chica. Durante los disturbios, la oficina del *sheriff* pudo proteger a Rowland en el juzgado, lo que le permitió salir con vida de Tulsa tras la masacre.

Muchos otros tulsanos negros siguieron su ejemplo, abandonando Tulsa para no volver jamás. Con unos 10.000 afroamericanos sin hogar y sin justicia ni compensación a la vista, muchos residentes sintieron que su único recurso era seguir adelante. Aun así, muchos se quedaron y reconstruyeron poco a poco sus vidas, aunque tuvieron que cargar con sus heridas en silencio. Al final, el papel del periodismo irresponsable fue fundamental en la pesadilla de Tulsa en 1921, pero ningún medio de comunicación estaba dispuesto a hablar de las consecuencias. Entre 36 y trescientas personas murieron en el enfrentamiento, pero todo se escondió bajo la alfombra con una facilidad increíble.

El KKK es un grupo de supremacistas blancos llenos de odio[16]

Las víctimas prácticamente no tenían forma de obtener compensación por los daños, lesiones y muertes, pero además las amenazaba el miedo. Durante mucho tiempo después de la masacre, Tulsa fue cada vez más segregada, y el KKK no hizo más que aumentar su poder. Pasaron décadas sin conmemorar los hechos y la masacre quedó prácticamente olvidada, además de la supresión de los archivos por parte de la policía y la milicia estatal. En la década de 1970 comenzó a despertarse cierto interés por los disturbios de Tulsa, pero solo hasta 1996 se conmemoró la masacre en un servicio religioso y se añadió un monumento conmemorativo en el Centro Cultural de Greenwood. Los esfuerzos de investigación se intensificaron a finales de la década de 1990, con una comisión oficial del Gobierno. Sin embargo, solo en el siglo XXI los investigadores empezaron a descubrir tumbas sin nombre y la verdad de la masacre empezó a aparecer en los libros escolares.

La masacre de Rosewood

La masacre de Rosewood, que ocurrió solo dos años después de los terribles sucesos de Tulsa, siguió un patrón similar de escalada, violencia y posterior ofuscación histórica. En este caso, no fue la prensa la que instigó el estallido inicial de violencia, pero sin duda echó leña al fuego una vez que comenzó. La masacre de Rosewood fue un episodio violento más largo y con consecuencias más permanentes, que duró días y provocó la destrucción total y el éxodo de la ciudad.

En el momento de la masacre, el pueblo floridano de Rosewood se había convertido en un asentamiento totalmente negro por una combinación de segregación en la época de Jim Crow y factores económicos. El asentamiento original surgió en 1845, convirtiéndose en el hogar de una población mixta de blancos y negros. Tras la guerra civil y los años de segregación en Florida y gran parte del Sur, las razas vivían separadas en Rosewood, pero seguían compartiendo la ciudad. El éxodo de los residentes blancos comenzó en la década de 1890, al disminuir la industria local del cedro. La mayoría de esas familias encontraron un nuevo hogar en Sumner, un pueblo cercano a Rosewood. En la década de 1920, solo quedaba una familia White, que regentaba un almacén de ramos en Rosewood.

Los problemas comenzaron el 1 de enero de 1923, en Sumner. Al igual que en Tulsa, todo empezó cuando se oyeron gritos de una mujer, sin ningún indicio claros de lo que había ocurrido. Un vecino oyó los gritos de Fannie Taylor, de 22 años, y corrió a ver qué pasaba, para encontrar a la joven magullada y angustiada. A diferencia de Sarah Page, de Tulsa, Fannie Taylor no dejó mucho a la interpretación. Denunció inmediatamente que había sido agredida por un hombre negro que había irrumpido en su casa. El horrorizado vecino no tardó en alertar al *sheriff* de la ciudad, Robert Elias Walker. Fannie continuó diciendo que había sido golpeada, pero no violada.

El departamento del *sheriff* no tenía mucho con lo que trabajar, pero el marido de Fannie, James, tenía toda la información que necesitaba. Inmediatamente, comenzó a reunir una turba para la cacería, no solo en

Sumner, sino también en los condados cercanos. Al mismo tiempo, en Gainesville se estaba celebrando un mitin del KKK, en el que unos quinientos miembros se ofrecieron voluntarios para la búsqueda. Simultáneamente, saltó la noticia de que un fugitivo negro, Jesse Hunter, se había escapado recientemente cerca de la zona. Los enfurecidos residentes y las fuerzas del orden supusieron que Jesse era el culpable, por lo que emprendieron su búsqueda. Después de buscar en los bosques cercanos y no encontrar a ningún negro, la turba llegó a la conclusión de que los otros negros de la zona debían estar escondiendo al fugitivo.

La violencia en Rosewood comenzó con el secuestro y la paliza a Aaron Carrier, a quien sacaron de su casa, ataron a un carruaje y arrastraron hasta Sumner. En esta primera fase, el *sheriff* mantuvo cierta apariencia de orden, poniendo al hombre golpeado y torturado bajo custodia y trasladándolo a un lugar seguro en Gainesville. Desgraciadamente, la complacencia del *sheriff* no hizo más que crecer a medida que las turbas se volvían más salvajes. El herrero Sam Carter fue la siguiente víctima, sometido a tortura hasta que confesó falsamente que escondía a Hunter. Cuando no pudo mostrar al fugitivo que supuestamente escondía, la turba disparó a Carter y lo colgó de un árbol.

Los linchamientos continuaron en los días siguientes, con muchos negros huyendo de la violencia y escondiéndose en casa de Sarah Carrier, tía de Aaron. La casa de Sarah fue el siguiente objetivo de la turba violenta, que descendió sobre la propiedad la noche del 4 de enero. Una vez más, exigieron a los residentes la entrega de Jesse Hunter. La ausencia del fugitivo en cualquier lugar cercano a la residencia Carrier enfureció a la turba. Se produjo un tiroteo alrededor de la casa, en el que murieron Sarah, su hijo Sylvester y dos atacantes blancos. Cuando la turba entró por la fuerza en la casa, los niños que se habían refugiado ahí huyeron al bosque.

Desgraciadamente, estos primeros días no fueron más que el principio. Fue entonces cuando los periódicos empezaron a involucrarse, difundiendo cifras infundadas de víctimas e insinuando un ataque generalizado contra los blancos. También se difundieron rumores sobre turbas de negros armados que arrasaban las zonas blancas, lo que exacerbó la situación. Esto atrajo a más voluntarios blancos de los condados circundantes. A medida que una turba cada vez más numerosa asaltaba Rosewood, los atacantes quemaban iglesias, incendiaban casas y disparaban a la gente que huía. Muchos residentes, junto con sus hijos, encontraron refugio en los pantanos cercanos y algunos de ellos se escondieron allí durante días.

Mientras tanto, algunas familias blancas de los asentamientos cercanos dieron cobijo a los habitantes de Rosewood que huían. Un famoso episodio filantrópico de la terrible experiencia fue el de William y John Bryce, dos hermanos que tenían un tren, que condujeron cerca de Rosewood, para evacuar a las mujeres y los niños. Por desgracia, no permitían subir a bordo a los hombres, temerosos de que la turba atacara el tren y matara a todos. John Wright, propietario de un almacén de ramos en Rosewood, también se distinguió por dar cobijo a muchos residentes, algunos de los cuales se subieron más tarde en el tren de Bryce. Aunque la inacción del *sheriff* Walker tuvo parte de culpa en la masacre, algunos testigos declararon que ayudó a las víctimas a llegar a salvo a la casa de Wright.

Durante el caos, estuvo sobre la mesa la oferta del gobernador Cary Hardee de enviar a la Guardia Nacional para sofocar los disturbios, pero el *sheriff* declinó, argumentando que todo estaba bajo control. El alboroto duró hasta el 7 de enero, momento en el que gran parte de la turba se marchó a casa. Ese día, algunos de los atacantes volvieron a Rosewood para arrasar sus últimos vestigios, y solo quedó intacta la casa de John Wright. Una investigación posterior interrogó a docenas de testigos, la mayoría de ellos blancos, y finalmente no se produjo ningún cargo.

El recuento oficial de víctimas en el período inmediatamente posterior llegó a un total de ocho muertos, seis negros y dos blancos. Es muy probable que la cifra real de muertos fuera mucho mayor. El pueblo quedó inhabitable y los sobrevivientes nunca regresaron. La masacre, en gran parte olvidada, solo resurgió en la década de 1980 gracias a algunas investigaciones de los medios de comunicación, en particular a los esfuerzos de Gary Moore, del *St. Petersburg Times*. Cuando la opinión pública se enteró de lo ocurrido, los sobrevivientes se animaron a dar un paso al frente y exigir reparaciones. Finalmente, Florida aprobó una ley que concedía 2 millones de dólares a cada demandante. Y lo que es más importante, la masacre quedó finalmente registrada en los libros de historia y se consolidó en la cultura popular gracias a la película *Rosewood* (1997), de John Singleton.

Los disturbios de Watts

Los métodos de violencia durante los disturbios de Watts dieron lugar al suceso que también se conoció como la *Rebelión de Watts*. Se trata de un incidente más reciente, que comenzó el 11 de agosto de 1965 en el barrio de Watts, en Los Ángeles. Este barrio, de mayoría afroamericana, fue testigo de seis días de disturbios extremos y violencia colectiva, armas, destrucción generalizada y 34 muertos. Más de mil personas resultaron heridas y unas 3.500 fueron detenidas, mientras unos 34.000 residentes arrasaban toda la zona y destruían unos 1.000 edificios. Los daños totales ascendieron a más de 40 millones de dólares, que corresponden a más de 300 millones de hoy en día. En muchos sentidos, los disturbios de Watts fueron representativos de las tensiones raciales que había durante el desarrollo del movimiento por los derechos civiles y de una eterna desconfianza entre las fuerzas del orden y la comunidad afroamericana.

Edificios en llamas durante los disturbios de Watts[17]

Al igual que los disturbios de Los Ángeles de 1992, el caos en Watts comenzó con un control de tráfico. Todo empezó sobre las siete de la tarde del 11 de agosto, una noche cualquiera de miércoles. Un agente de la Patrulla de Carreteras de California paró a dos hermanastros,

Marquette y Ronald Frye, bajo la sospecha de que Marquette conducía ebrio. El agente les hizo un control de alcoholemia, que Marquette no superó. Todo escaló cuando el agente trató de detenerlo, lo que provocó una refriega y luego una pelea cada vez más violenta, en la que participaron cada vez más policías de refuerzo y lugareños.

Incluso la madre de los dos hombres, Rena, se involucró porque pensaba que se trataba de un abuso contra sus hijos. Después de que los Fryes fueran detenidos por la fuerza, el altercado continuó. En algún momento del caos, un policía fue escupido por una mujer a la que intentaron detener. La multitud interpretó que la mujer estaba embarazada, lo que aumentó la ira y sacó la situación de control. 45 minutos después del rutinario control de tráfico, se desató el infierno en Watts.

Esa noche, los disturbios se convirtieron en un motín racial. Una turba de lugareños comenzó a atacar al azar a los automovilistas que pasaban, lanzándoles ladrillos, piedras, botellas y otros objetos. También empezaron a atacar a conductores blancos, sacándolos de sus vehículos y agrediéndolos. Los hermanastros Frye y su madre quedaron en libertad bajo fianza a la mañana siguiente, tras lo cual se unieron a una reunión pública de líderes de la comunidad local, que se convocó para hacer un llamado a la calma. Participaron la policía, representantes de la iglesia, miembros de la NAACP y muchos otros. Durante la reunión, salió a la luz la fuente subyacente de la rabia, cuando los asistentes empezaron a enumerar un sinfín de agravios que sufrían por parte de la policía y los funcionarios del gobierno. La multitud hablaba de historias de trato injusto, hasta que un joven negro subió al escenario y anunció que la multitud se disponía a marchar hacia los barrios blancos de Los Ángeles.

Después de que el jefe de la policía de Los Ángeles, William H. Parker, se negara a enviar policías negros y considerara la posibilidad de llamar a la Guardia Nacional, la gente se enfureció aún más. A medida que la situación empeoraba, 14.000 miembros de la Guardia Nacional fueron desplegados para detener el saqueo y la destrucción. Mientras los alborotadores atacaban a los bomberos y les impedían apagar los incendios, desconocidos empezaron a disparar a los policías, al parecer con rifles de francotirador. En medio del caos, Parker proclamó que la turba estaba formada por «monos de zoológico» y culpó a los musulmanes por el caos. El último día de los disturbios, la policía llevó a cabo una redada contra una mezquita local, que se saldó con disparos, detenciones masivas y la destrucción de la mezquita, que fue consumida por el fuego.

La repentina calamidad, en cierto modo una revuelta racial invertida, conmocionó a Los Ángeles y al país. Sin embargo, tuvo algunas consecuencias constructivas, que condujeron a reformas que abordaban las desigualdades en materia de vivienda, empleo, escolarización y atención sanitaria. También se hizo énfasis en acercar a la policía y la comunidad. El motín también motivó a las comunidades negras locales a organizarse mejor y a revisar sus formas de activismo. Desgraciadamente, el motín de Watts fue solo uno de varios incidentes similares que afectaron a numerosas ciudades de Estados Unidos entre 1964 y 1965. El motín también motivó otros intentos de revueltas descentralizadas, como los mortales disturbios de Detroit, que tuvieron lugar dos años después.

Preguntas de recapitulación

- ¿Cómo influyeron los medios de comunicación en la narrativa de estos sucesos?

_____

_____

_____

_____

- ¿De qué manera influyeron estos incidentes en los posteriores movimientos y políticas de derechos civiles?

_____

_____

_____

_____

- ¿Qué desencadenantes sociales comunes pueden identificarse en estos tres acontecimientos dispares?

_____

_____

_____

_____

Capítulo 6: Los enfrentamientos militares

Aparte de las convulsiones económicas y las tensiones étnicas y raciales, otro rasgo bien conocido del lado oscuro de la historia estadounidense tiene que ver con la guerra. Durante mucho tiempo, se han barajado diversas cifras sobre el historial de Estados Unidos en cuanto a años de paz continua. Algunos dicen que, desde su fundación, Estados Unidos ha tenido quince años de paz ininterrumpida, mientras que otros dicen que son 17 u otras cifras cercanas.

Decir que Estados Unidos ha estado en guerra durante el 90 % de su historia es, por supuesto, una simplificación de la historia, pero el estereotipo ciertamente tiene relación con la verdad. Grandes guerras, pequeñas guerras, intervenciones extranjeras limitadas y conflictos por delegación; Estados Unidos nunca ha sido ajeno a las confrontaciones militares. En un país que existe desde hace casi 250 años, es natural que tantas guerras dieran lugar a varios errores militares, algunos más graves que otros. Por otro lado, algunas de estas guerras han sido muy controvertidas y se ha hablado mucho del uso injustificado de la fuerza, especialmente en la historia reciente.

Imagen de hombres del ejército estadounidense[18]

La guerra de Vietnam

El punto culminante de los problemas de Estados Unidos en los años de la Guerra Fría fue la intervención en Vietnam, que sigue siendo el mayor error militar de la historia estadounidense. La desalentadora relación entre la sangre derramada y los logros obtenidos en Vietnam solo es comparable con la guerra civil estadounidense, pero al menos la resolución de la guerra civil desempeñó un papel fundamental en el desarrollo posterior de Estados Unidos. La guerra de Vietnam, en cambio, no produjo más que decenas de miles de bolsas con cadáveres, sufrimientos indecibles para el pueblo vietnamita, divisiones entre los estadounidenses, traumas generacionales y una derrota militar inequívoca.

Tras los desesperados intentos de Francia por mantener su dominio colonial sobre Indochina después de la Segunda Guerra Mundial, la antigua potencia europea dio por terminada su guerra en 1954. Ese año, la Conferencia de Ginebra dio lugar a la independencia de varios estados de lo que antes era la Indochina francesa, dividiendo a Vietnam en dos países. El principal vencedor de la primera guerra de Indochina contra Francia fue una coalición nacional independentista vietnamita, conocida comúnmente como Viet Minh. En cierto modo, fue precursora del famoso movimiento Viet Cong, liderado por Ho Chi Minh y asentado en el norte de Vietnam.

Aunque Ho Chi Minh se había mostrado abierto a Occidente, e incluso había buscado una alianza con Estados Unidos durante los años del imperialismo japonés en la región, las cosas cambiaron con el transcurrir de la Guerra Fría. El alineamiento de Estados Unidos con Francia desilusionó a muchos nacionalistas vietnamitas, como Ho Chi Minh, que antes consideraban a Estados Unidos como un posible aliado para la descolonización y expulsión de Francia. Mientras el apoyo francés desaparecía en la región, el movimiento de liberación vietnamita consideraba que la victoria solo era parcial, y miraba con ojos de acción hacia el sur del país. En los inicios de la famosa segunda guerra de Indochina (1955-1975), en la que participó Estados Unidos entre 1965 y 1973, el movimiento de liberación de Ho Chi Minh se declaró comunista. Se ha debatido hasta qué punto Ho Chi Minh creía en las ideas de Karl Marx y Lenin, pero su pública orientación comunista le aseguró el apoyo esencial del bloque del Este.

La otra parte de Vietnam que logró la independencia en 1954, al menos nominalmente, era el Estado de Vietnam, más tarde conocido como Vietnam del Sur. Inicialmente, Francia conservó cierto grado de influencia sobre el naciente país, pero este papel fue gradualmente asumido por Estados Unidos en los años siguientes. Para Estados Unidos, la perspectiva de que el norte del país se tomara todo Vietnam significaba la unificación de la nación bajo un gobierno comunista, hostil a los intereses estadounidenses. En esa época, la política exterior estadounidense se definía por la teoría del dominó, que se había verificado en Corea. Según esta creencia, las revoluciones comunistas exitosas se difundían inevitablemente, dando lugar a una reacción en cadena, en la que los estados caían bajo el dominio comunista uno a uno.

Esta doctrina es muy criticada hoy en día, pero en las décadas de 1950 y 1960, la Revolución cubana y otros acontecimientos similares apoyaban en cierto modo esa mentalidad. Dado que detener la expansión del comunismo era uno de los puntos principales de la agenda de Washington durante la Guerra Fría, implicarse más a fondo en Vietnam era algo natural. Con Francia fuera y Vietnam del Norte firmemente apoyado por grandes potencias comunistas, era cuestión de tiempo que el Norte intentara cumplir sus objetivos. Así fue como Estados Unidos se involucró en los aparentemente irrelevantes asuntos postcoloniales de un pequeño país, al otro lado del planeta.

La intervención comenzó con apoyo material y político a Vietnam del Sur, pero Estados Unidos terminó por implicarse más directamente mediante asesores militares, agencias de inteligencia y otros métodos más moderados. Tras el controvertido incidente del golfo de Tonkín, en 1964, los legisladores introdujeron una resolución que permitía al presidente enviar tropas sin una declaración formal de guerra. Esto supuso un importante fortalecimiento del poder del ejecutivo y permitió a Lyndon Johnson ampliar la presencia militar estadounidense en Vietnam del Sur, hasta llegar a tener alrededor de medio millón de soldados en 1968.

El problema de ayudar a Vietnam del Sur era que requería mucho más que salvaguardarlo de una invasión norvietnamita. El campo de Vietnam del Sur estaba repleto de guerrilleros del Viet Cong y de sus simpatizantes, y todos ellos trabajaban por el sueño de Ho Chi Minh: lograr un Vietnam unido y libre de todo control extranjero. El Viet Cong se arrastraba por las selvas y acechaba los callejones de las ciudades survietnamitas, sin abstenerse de ningún medio para lograr su objetivo. Asesinatos, bombardeos, ejecuciones, secuestros e incluso masacres, fueron algunos de los métodos más utilizados. Por otro lado, el Gobierno survietnamita, a menudo bajo supervisión estadounidense, trataba de la misma manera a los milicianos del Viet Cong y a cualquier persona sospechosa de ayudarles. En estas condiciones, el horror de la guerra de Vietnam se intensificaba a una velocidad impresionante.

El Viet Cong demostró ser un enemigo escurridizo, duro, inteligente y despiadado con los soldados estadounidenses. Atacaban prácticamente en cualquier lugar y en cualquier momento, infligiendo terribles pérdidas, para luego desaparecer en el campo. La dificultad para identificar al Viet Cong y a sus simpatizantes entre la población rural fue una de las principales razones por las que la participación de Estados Unidos en la guerra resultó tan complicada. Impotente para hacer frente a estas tácticas de ataque y huida, Estados Unidos combatió la extenuante guerra de guerrillas lo mejor que pudo. Se formaron unidades de contraguerrilla, que se enviaron a lo más profundo de la selva, muy eficaces a nivel individual, pero que apenas marcaban diferencia en el contexto general de la guerra.

Estados Unidos recurrió a bombardeos interminables, tanto en Vietnam como en los vecinos Laos y Camboya. En total, el ejército estadounidense lanzó más de 7.000.000 toneladas de bombas en Indochina, frente a un total de 2.100.000 toneladas durante toda la Segunda Guerra Mundial. No había reglas de guerra que impidieran los bombardeos contra Vietnam del Norte, aunque esta doctrina varió durante la guerra. Vietnam del Norte fue bombardeado ampliamente, pero el ejército norvietnamita estaba equipado con aviones y contaba con sistemas de defensa antiaérea de última generación, suministrados por los soviéticos. Esto hizo que las incursiones aéreas sobre el Norte fueran muy peligrosas. Al final de la guerra, Estados Unidos perdió unos 10.000 aviones de todo tipo. Los helicópteros y los vehículos aéreos no tripulados contribuyeron en gran medida a esta cifra, pero los sistemas NVA SAM también causaron estragos en los aviones de ala fija.

Las tropas frustradas y desmoralizadas, a menudo al límite de sus posibilidades, se desquitaban sistemáticamente con la población civil. Incidentes de gran repercusión, como la horrible masacre de My Lai, hicieron que la opinión pública estadounidense se indignara y se desilusionara cada vez más con la guerra. Quizás el mayor movimiento antibélico de la historia de Estados Unidos creció hasta el punto en el que no pudo ser ignorado. El objetivo inicial declarado, impedir la expansión del comunismo, no estuvo ni cerca de convencer a la población de que valían la pena las decenas de miles de bajas y todo el sufrimiento de Vietnam.

En última instancia, la opinión pública fue el factor decisivo que hizo caer todo el castillo de naipes. A lo largo de los años sesenta y principios de los setenta, la guerra polarizó profundamente a Estados Unidos. Las divisiones políticas, culturales, generacionales y de clase llegaron a su punto máximo, amenazando el tejido de la sociedad estadounidense. También fue una época plagada de violencia política y asesinatos. La opinión pública dio forma a la guerra, pero la guerra también moldeó al público. La guerra de Vietnam cambió irreversiblemente a toda una generación de estadounidenses, y dejó algunas cicatrices que son visibles hasta el día de hoy.

El final de la guerra llegó un par de años después de que Estados Unidos se hubiera desvinculado de Vietnam. Bajo su bandera roja, los norvietnamitas entraron triunfalmente en Saigón el 30 de abril de 1975, mientras los últimos restos del personal estadounidense y sus aliados locales se aferraban a los helicópteros en una caótica evacuación de última hora, mientras los comunistas asediaban la embajada estadounidense. Habían transcurrido tres décadas desde el inicio de la primera guerra de Indochina, y el sueño de Ho Chi Minh se había hecho finalmente realidad, aunque él había muerto seis años antes.

Aunque Vietnam se unificó y se independizó, el conflicto aún no había terminado. La preocupante situación en la vecina Camboya estaba fuera de control, provocando una intervención vietnamita contra Pol Pot, mientras China amenazaba la frontera norte de Vietnam. La guerra y la ocupación vietnamita en Camboya, los enfrentamientos fronterizos con China, las fricciones y la violencia esporádica se prolongaron hasta 1991, cuando finalmente llegó la paz a la región. Aunque el desprestigio y el trauma psicológico causado por esta guerra se sienten aún hoy en Estados Unidos, las cicatrices más profundas quedaron en Indochina. Las municiones sin detonar, la devastación medioambiental y las malformaciones congénitas causadas por sustancias químicas, como el agente naranja, son problemas con los que la región sigue lidiando. El hecho de que no se cumpliera ni un solo de los objetivos estadounidenses, a pesar de la carnicería que produjo 58.281 bajas estadounidenses, consolida a Vietnam como el mayor error militar de Estados Unidos hasta la fecha.

La guerra de Corea

Una de las cosas más difíciles de explicar sobre la guerra de Corea es su nombre coloquial, que es la «guerra olvidada». No cabe duda de que el epíteto es válido, ya que en Estados Unidos se habla muy poco de este conflicto, aunque es difícil saber por qué. Desde luego, no es por falta de violencia durante la guerra, que duró poco más de tres años, muchos menos que la de Vietnam, pero en la que murieron millones de personas, incluyendo alrededor de tres millones de civiles. Además, en esta guerra se verificaron algunos de los bombardeos aéreos más destructivos de la historia militar estadounidense.

Ataque a un tren durante la guerra de Corea[19]

La guerra de Corea fue un conflicto de alto riesgo, que acercó peligrosamente al mundo a una guerra atómica. En Corea, las fuerzas estadounidenses y aliadas, bajo la bandera de la ONU, libraron una guerra terrestre directa contra las tropas chinas, que llegaron a formar hasta tres millones de soldados. El enfrentamiento entre las grandes potencias tuvo lugar sobre todo en el aire, lo cual atrajo incluso a los soviéticos, que enviaron aviones sin distintivos con pilotos rusos para luchar directamente contra la fuerza aérea estadounidense. Esta fue también la primera guerra en la que aviones caza de los dos bandos se enfrentaron en el aire. A lo largo de la guerra, Estados Unidos amenazó con desplegar armas nucleares en el campo de batalla. Especialmente notable fue la idea de contingencia del general Douglas MacArthur, que propuso atacar Corea del Norte y China con bombas atómicas, no solo para destruir objetivos importantes, sino para crear «zonas de lluvia radioactiva» como método de bloqueo e interrupción de suministros. Afortunadamente, esas ideas nunca se materializaron.

Otra razón para no olvidar la guerra de Corea son sus enormes implicaciones geopolíticas y de seguridad. En muchos sentidos, el conflicto coreano sigue afectando profundamente a la población de toda Asia Oriental, especialmente ahora, que Corea del Norte tiene un arsenal nuclear. La única explicación lógica para que la guerra de Corea se haya desvanecido de la memoria estadounidense es que tuvo lugar entre la Segunda Guerra Mundial y la guerra de Vietnam, que eclipsaron por completo los acontecimientos de la península coreana. Aun así, Estados Unidos tuvo cerca de 140.000 heridos en esta guerra, además de los 36.000 muertos, una cantidad excesiva.

Algunos críticos sostienen que Estados Unidos tiene un gran interés en esconder esta guerra debido a su brutalidad y al gran número de víctimas civiles. Sin embargo, lo mismo podría decirse de la guerra de Vietnam, y ese conflicto se ha instalado firmemente en la conciencia nacional y la cultura estadounidenses. De todas formas, el costo humano de ambas guerras fue comparable en términos de muertos, aunque la guerra de Corea duró mucho menos.

Parte de las bajas se debieron a tres años de intensos combates acompañados de desplazamientos masivos del ejército, a medida que la línea del frente oscilaba entre el norte y el sur. Tampoco faltaron las atrocidades entre los propios coreanos, ya fueran represalias del Norte comunista o purgas anticomunistas y campos de prisioneros políticos en el Sur. Sin embargo, quizá el factor más destructivo y letal de la guerra fue el bombardeo, que Estados Unidos llevó a cabo de forma extensiva y a enorme escala en ambas Coreas.

El tonelaje total de bombas desplegadas en la península coreana fue similar al de toda la guerra del Pacífico contra Japón, una situación que Vietnam y sus vecinos también sufrieron en la década siguiente. Con unas 635.000 toneladas de bombas lanzadas, la península coreana figura como uno de los lugares más bombardeados de la historia. Aunque el tonelaje fue superado con creces por Vietnam del Sur y Laos, que recibieron 4.000.000 y 2.000.000 de toneladas, respectivamente, pero Corea del Norte sigue figurando entre los cinco países más bombardeados de la historia.

Para poner en una perspectiva real la destrucción de Corea, es importante tener en cuenta factores como el tamaño del territorio, la población y la duración de los bombardeos. Al final de la guerra, prácticamente ninguna estructura significativa seguía en pie en Corea del Norte, y una gran parte de la población vivía bajo tierra. Incluso los pueblos pequeños, según Douglas MacArthur, eran objetivos militares legítimos. Hacia el final de la guerra, en 1953, Estados Unidos bombardeó varias presas importantes, lo que provocó inundaciones y la destrucción generalizada de los cultivos de arroz. Solo la rápida ayuda de los aliados comunistas de Corea del Norte evitó una hambruna masiva, ya que el arroz era un recurso vital. Varios críticos han calificado los ataques contra civiles en Corea como crímenes de guerra, y el historiador Bruce Cumings habla de un genocidio.

También vale la pena señalar que se utilizaron más de 32.000 toneladas de napalm en los bombardeos, una cantidad considerable, que a menudo se ve eclipsada por la asociación cultural del napalm con Vietnam. En 1988, el ex general Curtis LeMay estimó que alrededor del 20 % de la población norcoreana (unos diez millones de personas) «murió» en los tres años de guerra «como víctimas directas de la guerra o por inanición y exposición». El propio general LeMay fue uno de los cerebros de las campañas de bombardeo en Corea y en la guerra contra Japón, años antes.

Los orígenes y desencadenantes de esta guerra a gran escala fueron similares a los de Vietnam. A menudo, estos conflictos se comparan por sus muchas similitudes, aunque también existen diferencias significativas. La división de Corea entre el norte, de influencia comunista, y el sur, alineado con Occidente, también se produjo tras la Segunda Guerra

Mundial. Sin embargo, Vietnam contaba con una larga experiencia de colonialismo occidental, a diferencia de Corea, que conocía sobre todo el imperialismo japonés. Cuando los japoneses fueron expulsados de Corea, Estados Unidos y la URSS dividieron el país en dos partes bajo sus respectivas influencias. No pasó mucho tiempo hasta que las tensiones estallaron y las dos Coreas entraron en combate directo.

La intervención estadounidense comenzó tras la invasión norcoreana del Sur, en 1950. El asedio norcoreano fue rápido, despiadado y muy eficaz, y dejó a las fuerzas comunistas a un paso de conquistar toda la península. Estados Unidos y otros países se sintieron profundamente inquietos por el repentino avance hacia el sur, interpretándolo como un acto de agresión no provocado e impulsado por los soviéticos. Hay cierta controversia sobre quién disparó el primer tiro, y si el ataque fue o no provocado, pero no hay duda de que la guerra de Corea empezó oficialmente con la incursión de la RPDC en el sur.

Estados Unidos no tardó en responder, formando una coalición de países aliados y obteniendo incluso un mandato del Consejo de Seguridad de la ONU, para que la fuerza de invasión hiciera retroceder a los norcoreanos. Esto dio a la coalición cierto grado de legitimidad, y es la razón por la que la historia a menudo se refiere a las fuerzas aliadas como «fuerzas de la ONU». En realidad, el mandato se obtuvo en un momento en que la URSS boicoteaba el CSNU. El boicot era una forma de protesta contra la negativa de las potencias occidentales a reconocer la nueva realidad de la China continental, insistiendo todavía en que la República de China, que entonces era solo la isla de Taiwán, siguiera representando a China en el CSNU. En la práctica, esto significaba que no había oposición a la moción occidental de intervenir en Corea, aunque en circunstancias normales, sin duda los soviéticos habrían vetado la propuesta.

Con varios estados de la ONU respaldándolos, los surcoreanos volvieron a la lucha. La coalición pronto repelió a las tropas de la RPDC hacia el norte y amenazó con unificar toda Corea bajo el gobierno del Sur, alineado con Estados Unidos. En cuanto la coalición se adentró en Corea del Norte, China respondió, enviando una fuerza expedicionaria para hacer frente a los estadounidenses y sus aliados. La guerra continuó hasta el 27 de julio de 1953, cuando la situación se estabilizó finalmente a lo largo del paralelo 38º. La formación de la Zona Desmilitarizada de Corea a lo largo de esta línea puso fin a las principales operaciones, aunque la guerra nunca concluyó formalmente.

La historiografía registra esta guerra como un empate, debido a su resultado inconcluso, pero se puede argumentar fácilmente que fue un error considerable de Estados Unidos. Para tanta destrucción y muerte, se logró muy poco. Estados Unidos no logró resolver la cuestión coreana, ni en la práctica ni en la teoría. Dado que nunca se firmó un tratado, el conflicto sigue siendo una fuente constante de tensión y ha estallado en manifestaciones de violencia letal en muchas ocasiones desde 1953.

Una pequeña victoria reside en el hecho de que la actual Corea del Sur es un país mucho más próspero que su homólogo del Norte, que vive bajo el que se considera el sistema de gobierno más represivo del planeta. En términos militares, sin embargo, Corea del Norte se ha fortalecido y ha garantizado su seguridad obteniendo armas nucleares. En términos de seguridad y objetivos políticos, la guerra cambió muy poco para los coreanos de ambos lados.

El resultado de China, a pesar de las numerosas bajas, es quizás el único que puede interpretarse como un éxito. Para los chinos, la intervención consistía simplemente en alejar a los estadounidenses de su frontera y mantenerlos lo más lejos posible. Corea del Norte cumple este propósito muy eficazmente, como zona prohibida para los estadounidenses, y esto no va a cambiar en el corto plazo. Además, se puede argumentar que la intervención china en Corea hizo que Estados Unidos se mostrara reacio a invadir Vietnam del Norte durante el conflicto de Indochina, optando únicamente por defender Vietnam del Sur como Estado independiente. Esta reticencia fue muy criticada por muchos partidarios de la guerra de Vietnam, y las limitaciones impuestas se siguen citando como una de las razones por las que Estados Unidos perdió la guerra en Vietnam.

La polémica sobre las ADM en la guerra de Irak

En el mundo de la posguerra fría, Estados Unidos emergió como la superpotencia mundial indiscutible, con apoyo militar, político o económico en casi todos los rincones del mundo. Uno de los primeros grandes enfrentamientos que Estados Unidos tuvo con otro país en este nuevo orden, comenzó incluso antes de que la URSS cayera oficialmente: Irak. Aunque anteriormente había sido amistoso con el gobierno estadounidense, especialmente durante su guerra contra Irán en la década de 1980, Saddam Hussein se volvió cada vez más problemático para EEUU alrededor de 1990.

Aterrizaje de la Fuerza Aérea estadounidense sobre los incendios de petróleo en Kuwait, provocados por el ejército iraquí[20]

En agosto de ese año, Irak invadió y anexionó al vecino Kuwait, y esta acción fue la gota que rebasó el vaso para EE. UU. y muchos otros países, especialmente de la región. Así comenzó la primera guerra del Golfo, que dio lugar a una de las coaliciones internacionales más amplias y diversas jamás reunidas, cuyos miembros estaban todos de acuerdo en que Saddam debía abandonar Kuwait. La Operación Tormenta del Desierto de 1991 no tardó en alcanzar ese objetivo, pero la liberación de Kuwait no fue más que el capítulo inicial de una historia mucho más larga y sangrienta. Siguió más de una década de insoportables sanciones y ocasionales bombardeos contra el Irak de Saddam, que culminaron en los acontecimientos de 2003.

Uno de los objetivos clave del prolongado enfrentamiento diplomático y militar entre Estados Unidos e Irak, que se extendió entre 1991 y 2003, era la entrega de las armas de destrucción masiva por parte de Irak. Estas incluían sobre todo armas biológicas y químicas, que Saddam no solo poseía, sino que usó contra sus enemigos en más de una ocasión. Tropas y civiles iraníes, así como kurdos dentro del propio Irak, fueron víctimas notables de múltiples ataques con gases en la década de 1980. Es probable que Irak también tuviera un programa nuclear en fase inicial, que finalmente no pudo desarrollarse.

Cuando Estados Unidos empezó a presionar para que se produjera una invasión y el derrocamiento definitivo de Saddam tras el 11-S, se esgrimieron dos argumentos principales a favor de la campaña. El primero y más importante eran las acusaciones que Estados Unidos lanzaba constantemente contra Irak en relación con su supuesto programa armamentístico. Los funcionarios estadounidenses sostenían que, a pesar de las inspecciones de la ONU y en violación de las resoluciones del Consejo de Seguridad, Irak mantenía su arsenal de armas de destrucción masiva, al tiempo que aludían a los supuestos intentos del país por desarrollar armas nucleares. La segunda acusación, igualmente infundada, era que Saddam tenía vínculos con Al Qaeda y estaba implicado en los atentados del 11 de septiembre. Con ambas acusaciones, la narrativa oficial decía que Irak era una amenaza para la seguridad nacional estadounidense y para el mundo.

Con el tiempo, todas estas acusaciones, incluido el infame discurso del secretario de estado Colin Powell ante la Asamblea General de la ONU, han resultado manifiestamente falsas. La guerra de Irak fue, en última instancia, un error militar en muchos sentidos, pero su instigación contó con un elemento de engaño que afectó gravemente a la credibilidad de Estados Unidos dentro y fuera del país. En los años posteriores a la guerra, los funcionarios estadounidenses han eludido la cuestión al máximo, pero cuando la abordan, suelen culpar a los servicios de inteligencia por sus fallos. Esto da a las falsas pretensiones un aura de negligencia, en lugar de malicia, pero los desastrosos resultados de la guerra son difíciles de discutir.

A pesar de los cientos de miles de muertos por causas relacionadas con la guerra, y de los miles de millones invertidos en el conflicto, nunca se encontraron armas de destrucción masiva. Críticos acérrimos describen la guerra como una agresión deliberada, con varios de los factores citados como posibles motivos. Las teorías más populares, aunque poco sólidas, giran en torno a las vastas reservas de petróleo de Irak. Otros sugieren que el factor decisivo fue la influencia de grupos del sector privado y de los aliados extranjeros de Estados Unidos en Medio Oriente, que tenían un gran interés en derrocar el vil régimen de Saddam.

Independientemente de cuál sea la verdad, la guerra tuvo consecuencias profundas que aún hoy se estudian y se sienten. La invasión se produjo en un momento en el que Estados Unidos intentaba afirmarse como líder global en un mundo completamente nuevo. Se puede argumentar que la guerra perjudicó estos intentos, ya que se realizó sin un mandato de la ONU y sin la aprobación de algunos de los aliados europeos más cercanos de Estados Unidos. Alemania y Francia se opusieron abiertamente a la guerra, lo que provocó un distanciamiento con la administración Bush. Los aliados tradicionales de Medio Oriente, como Arabia Saudí, también se molestaron profundamente por el ataque. El reino saudí fue uno de los principales aliados de Estados Unidos en 1991, proporcionando un apoyo enérgico en el esfuerzo de expulsar a los iraquíes de Kuwait. En 2003, sin embargo, la situación fue muy diferente.

Aparte de la pérdida de credibilidad y prestigio de Estados Unidos, la guerra causó estragos en la seguridad de Medio Oriente, con efectos que se extendieron mucho más allá del propio conflicto. En la actualidad, Irak está a punto de convertirse en un estado fallido; ha sufrido numerosos episodios de violencia sectaria y terrorismo desde la caída de Saddam. Estos problemas han salpicado sistemáticamente a toda la región, desestabilizando a numerosos países y propiciando un clima adecuado para la aparición de los peores excesos del terrorismo que el mundo haya visto jamás, incluido el Estado Islámico.

En términos estratégicos, desde el punto de vista geopolítico, la guerra también fue un fracaso para Estados Unidos. Irán, que es quizá el principal adversario de Estados Unidos e Israel en Oriente Próximo, tiene ahora más control sobre Irak que nunca. La polémica y las críticas generalizadas envuelven por completo la guerra de Irak hasta el día de hoy, tanto dentro como fuera del país, y en los últimos años la opinión pública estadounidense se ha acercado al consenso de que fue un desastre innecesario.

La opinión pública ha evolucionado mucho desde 2003. Aunque en los primeros años de la invasión y ocupación hubo un considerable movimiento antibélico, el conflicto conservó un nivel de popularidad alto, en parte motivado por los sentimientos posteriores al 11 de septiembre. Sin embargo, en los últimos años, esta guerra ha demostrado ser uno de los conflictos menos populares que Estados Unidos haya librado jamás. Tuvo un efecto profundamente negativo en la percepción del intervencionismo estadounidense, con importantes repercusiones en las políticas exteriores. El desastre de las relaciones internacionales fue aún peor, y probablemente redujo la capacidad de Estados Unidos para ejercer sus capacidades militares en la política internacional sin críticas y reacciones significativas.

Preguntas de recapitulación

- ¿Cómo influyó la opinión pública nacional en el desarrollo de estas guerras?

  _____

  _____

  _____

  _____

- ¿Cuáles fueron las consecuencias políticas y sociales a largo plazo para los países intervenidos?

  _____

  _____

  _____

  _____

- ¿Cómo influyeron estos compromisos militares en las decisiones posteriores de política exterior de Estados Unidos?

  _____

  _____

  _____

  _____

Capítulo 7: Grandes marcas, grandes errores

Durante mucho tiempo, una de las características inherentes de la vida estadounidense ha sido la innovación. Ampliamente fomentada y bien recompensada en múltiples ocasiones, la innovación se convirtió en una de las principales fuerzas motrices del crecimiento económico y del avance tecnológico de Estados Unidos. El énfasis en la innovación en Estados Unidos, especialmente en el ámbito de los negocios, ha sido tan fuerte, que ha producido una serie de pasos en falso y errores. Los consumidores esperan innovación de las empresas estadounidenses, haciendo que el incentivo sea poderoso. En ocasiones ha sido tan fuerte, que ha dominado a determinadas marcas, dando lugar a situaciones en las que la innovación se ha convertido en un objetivo en sí mismo, y no el medio para alcanzar otras metas.

Coca-Cola es una de las marcas estadounidenses que ha recibido críticas por su falta de investigación de mercado[21]

Aunque es una herramienta poderosa para perseguir un objetivo, la innovación por sí misma suele dar lugar a decisiones equivocadas. Cambios increíblemente impopulares en recetas clásicas, como la Coca-Cola, por ejemplo, han demostrado que el ansia de novedad del consumidor tiene sus límites. Las soluciones nuevas y creativas son apreciadas, pero también hay aprecio por lo clásico, y algunas marcas estadounidenses han aprendido por las malas el valor del equilibrio entre ambos enfoques. Muchos productos aparentemente innovadores han fracasado por diferentes motivos, pero los grandes errores de las grandes marcas estadounidenses demuestran la importancia de los estudios de mercado.

El Edsel

La división Edsel debía ser la nueva marca principal de Ford, y por ello fue bautizada con el nombre del hijo de Henry Ford. Ford se lanzó a esta ambiciosa aventura sin reparar en los gastos del proyecto y en su mercadeo. El desarrollo, la fabricación y la comercialización costaron a la empresa 250 millones de dólares en 1958, lo que equivale a unos 2.500 millones de dólares en 2023. Las expectativas puestas en la nueva marca eran las más altas imaginables, no solo para Ford, sino también para el público, debido a su mercadeo exagerado. En lugar de lograr el éxito previsto, el proyecto Edsel se convirtió en un fracaso emblemático y en un ejemplo para empresas con ambiciones similares en las décadas posteriores.

El Edsel de Ford debutó en 1957, tras diez años de desarrollo, planificación y grandes expectativas. Por si fuera poco, hacía mucho tiempo que Ford no lanzaba un nuevo modelo, por lo cual había mucho en juego. El Edsel ofrecía 18 modelos diferentes, para asegurar un mayor alcance en el mercado. Sin embargo, las enormes inversiones exigían grandes ventas. De hecho, el Edsel tendría que superar a todos los demás autos de 1957 por un margen significativo para ser económicamente viable.

Tras el lanzamiento, a principios de septiembre de 1957, el interés inicial empezó a disminuir. El Ford Edsel de 1958, en concreto, debía desarrollarse según los datos de las encuestas. Durante los años previos al lanzamiento, Ford realizó encuestas para averiguar lo que los estadounidenses esperaban de un auto, con la intención de adaptar su nuevo modelo a los deseos generales deducidos de las encuestas. Esto llevó a la empresa a confiar en que el producto no iba a fracasar. Al fin y al cabo, el auto se construía esencialmente a partir de las opiniones de los conductores; al menos, eso era lo que se esperaba. En realidad, Ford no hizo mucho caso de lo que decían las encuestas. Durante el desarrollo del auto, el enfoque se desvió gradualmente de los datos de la investigación y las opiniones de los ejecutivos de alto nivel empezaron a marcar el rumbo.

Con el paso del tiempo, los diseñadores también perdieron la pista y trataron de convertir el auto en un vehículo polivalente, con demasiadas opciones simultáneas. Las 18 variantes existentes en el momento del lanzamiento eran un testimonio de la dilución de la intención del auto, lo que convirtió al Edsel en una versión automovilística de la política elitista. En un intento por complacer a todo el mundo, el auto decepcionó a la mayoría. Más extraña aún era la confianza, aparentemente infinita, que los ejecutivos de la empresa tenían en el producto, lo que puede deducirse de la incesante campaña de mercadeo previa al lanzamiento. Incluso la creación de la división Edsel fue, en cierto modo, parte de la campaña de mercadeo. El auto fue objeto de bromas durante un año entero antes de salir al mercado, y se le conocía como el misterioso «E-Car», con connotaciones futuristas. Ford utilizó su enorme influencia para convencer a los concesionarios de que encargaran el auto incluso antes de que terminara su desarrollo.

Al final, el Edsel salió al mercado como un devorador de gasolina, excesivamente caro y con una estética cuestionable. Un torrente de críticas negativas causó un daño irreversible a la incipiente marca. Ford intentó rediseñar el Edsel en 1959, pero aunque el auto era mejor, la marca estaba manchada. En 1960, toda la división había desaparecido y Ford había perdido 350 millones de dólares. La reacción de la empresa ante el enorme fracaso fue peculiar, demostrando falta de aprendizaje.

Por ejemplo, el director de mercadeo de Edsel, J.C. Doyle, insinuó que el fracaso era culpa del público por ser «voluble». En *Business Adventures*, de John Brooks, se citaba a Doyle diciendo que el Edsel era el resultado natural de los hábitos de compra de los conductores estadounidenses hasta entonces. En su opinión, Edsel había proporcionado lo que el público estadounidense quería, por lo que no entendía cómo había salido todo mal. El Edsel se convirtió en un caso de estudio de lo que no se debe hacer al desarrollar y lanzar un nuevo producto.

Un Edsel Skyliner de 1958[22]

El atrevido cambio de receta de Coca-Cola

Aunque se limita a producir gaseosas y otras bebidas refrescantes, Coca-Cola Company se ha convertido en una de las empresas más dominantes del planeta. Parte de este éxito se debe al astronómico presupuesto de mercadeo, que ha producido campañas publicitarias de éxito constante, tan eficaces durante tanto tiempo, que son prácticamente un fenómeno. En los últimos años, los gastos publicitarios anuales de Coca-Cola rondan los 4.000 millones de dólares en todo el mundo.

La marca se ha abierto camino en todos los mercados de consumo y las culturas populares de prácticamente todos los rincones del planeta.

A pesar de este éxito sin precedentes, Coca-Cola no ha sido ajena a grandes fracasos de mercadeo. El más épico fue, sin duda, la llamada Nueva Coca-Cola, de 1985, un intento de reinventar una gaseosa a la que el mundo entero se había acostumbrado durante décadas. Pasando por alto el inmenso riesgo que implicaba un movimiento tan arriesgado, Coca-Cola Company siguió adelante con la nueva receta y se encontró con una reacción tan negativa, que nunca volvió a intentar algo similar. De hecho, Coca-Cola registró más de 40.000 quejas a través de cartas y llamadas telefónicas condenando la Nueva Coca-Cola, tan solo unos meses después de su lanzamiento.

El repentino intento de Coca-Cola de arreglar lo que estaba bien fue tan extraño, innecesario e ilógico, que la polémica dio lugar a una serie de teorías conspirativas. A la gente le costaba creer que una corporación tan enorme arruinara su producto más importante sin razón aparente, y empezaron a surgir teorías que decían que era una estrategia para aumentar las ventas. Una de estas teorías, particularmente popular, sostenía que la fórmula se había cambiado con la expectativa de generar una reacción violenta. Entonces, tras el regreso de la bebida clásica, las ventas se dispararían. Otras especulaciones populares teorizaban que Coca-Cola había creado la polémica para ocultar cambios más sutiles en su receta. Algunos de estos supuestos cambios incluían el uso de edulcorantes más baratos y la eliminación de los últimos restos de hoja de coca de la receta.

Dejando a un lado las teorías conspirativas, el fracaso puede ser un ejemplo de estudio de mercado inadecuado y error de cálculo, lo que demuestra que ni siquiera las empresas más poderosas son infalibles. Uno de los factores sugeridos para explicar la desastrosa decisión de Coca-Cola fue el miedo o la paranoia de perder clientes frente a Pepsi, que experimentó una importante expansión del mercado en los años setenta y principios de los ochenta, en parte gracias a un mercadeo inteligente y confiable. El llamado *desafío Pepsi*, por ejemplo, fue una campaña que produjo grandes resultados y causó malestar en Coca-Cola.

El reto consistía en una serie de pruebas de sabor publicitadas, en las que los participantes probaban a ciegas Coca-Cola y Pepsi, y decidían cuál sabía mejor. Muchas personas preferían la Pepsi, y el mercadeo agresivo hizo el resto. La verdadera sorpresa para Coca-Cola llegó cuando realizó las mismas pruebas internamente y obtuvo los mismos resultados. A pesar de toda esta competencia, Coca-Cola seguía siendo la gaseosa más popular del mundo, pero la mera perspectiva de perder más clientes con Pepsi era lo suficientemente aterradora como para tomar medidas drásticas.

Mientras trabajaba en el desarrollo de la Coca-Cola Light, a principios de los 80, la empresa realizó varias pruebas de sabor entre los empleados. Una de esas pruebas demostró que una versión más dulce de la bebida era mejor que la Pepsi y que la Coca-Cola tradicionales. Así nació la idea de la Nueva Coca-Cola, cuya receta se dio a conocer al mundo el 23 de abril de 1985. El repentino cambio, unido a la cobertura negativa de la prensa, hizo que la Nueva Coca-Cola muriera al poco tiempo de llegar. La prensa llegó a describir la Nueva Coca-Cola como una bebida más parecida a la Pepsi, lo que significó el último clavo en el ataúd. Las acciones de Coca-Cola empezaron a bajar mientras crecían las de Pepsi y otros competidores. Pepsi no tuvo piedad y echó sal en la herida de Coca-Cola, publicando enormes anuncios en los periódicos que declaraban la victoria, diciendo que Coca-Cola había «parpadeado» después de «87 años de enfrentarse cara a cara».

Miles de llamadas de consumidores descontentos sonaban a diario en las oficinas de Coca-Cola. Algunos de los fieles más extremistas de la antigua receta organizaron protestas, durante las cuales derramaron la Nueva Coca-Cola en alcantarillas y desagües pluviales. El problema de los estudios de mercado de Coca-Cola no fue que no los hicieran. Más bien, la investigación fue inadecuada y no planteaba las preguntas correctas. Cuando la empresa tomó la decisión de lanzar la Nueva Coca-Cola, realizó cerca de 200.000 pruebas a ciegas en Norteamérica.

Las pruebas mostraron una buena respuesta a la nueva fórmula, pero la empresa nunca preguntó a los participantes si querían que la nueva mezcla sustituyera a la clásica. La empresa no consideró el apego emocional que muchos consumidores habían desarrollado por la antigua bebida. Probablemente no lo pensaron nunca, pero lo que Coca-Cola aprendió fue que había subestimado la lealtad de sus propios clientes. La Coca-Cola clásica volvió a comercializarse 79 días después del fiasco, acompañada de una disculpa pública, una cobertura mediática masiva y un aumento de ventas. Aunque la Nueva Coca-Cola fue un fracaso masivo, también supuso una oportunidad de aprendizaje para Coca-Cola y otras marcas que estuvieron atentas. La fuerza de la lealtad de los consumidores y su apego a las marcas establecidas se puso de manifiesto. En el caso de la Nueva Coca-Cola, esa lealtad dio a la compañía una dolorosa bofetada en la cara, pero la valiosa lección permaneció y fue aprovechada en muchas campañas de mercadeo por innumerables empresas.

El paso en falso de Betamax

A veces llamado simplemente Beta, debido a su logotipo, Betamax fue una solución prometedora de Sony en una época en la que empezaba a proliferar la grabación de video casera. Betamax es famoso por haber sido el perro de pelea de Sony durante la llamada guerra de los formatos de video, en los años 70 y 80. La intensa rivalidad entre Betamax y Video Home System (VHS) vio cómo dos formatos analógicos incompatibles se disputaban el dominio de un mercado emergente, con una promesa de crecimiento aparentemente ilimitada.

En la era de la tecnología analógica de grabación de video, la cinta magnética era el estándar, y varias empresas hacían sus mejores intentos para que las grabadoras de video en casete (VCR) fueran accesibles y eficientes para los consumidores comunes. Betamax y VHS se convirtieron en los principales competidores, cada uno con sus ventajas sobre el otro. Por ejemplo, las cintas de Betamax venían en casetes más pequeños, más compactos y con mejor calidad de imagen. Sin embargo, las cintas VHS eran más largas, lo que a la postre resultó ser el factor decisivo.

Aunque con el tiempo el VHS se hizo absoluto dominador, no llegó a sacar del mercado al Betamax, quizá debido a las ventajas de nicho de este último. Las grabadoras para Betamax se fabricaron y comercializaron hasta bien entrado el año 2002, momento en el que Sony dejó de fabricarlas tras 27 años. Como aún quedaban grabadoras Betamax en circulación, se siguieron vendiendo casetes vírgenes hasta 2016. A pesar de su fracaso general entre los consumidores habituales, Betamax encontró un lugar en ámbitos profesionales, donde permaneció durante bastante tiempo, después de que el VHS hubiera conquistado los hogares de todo el mundo.

Betamax se adelantó, al salir al mercado en 1975, y conquistó rápidamente a todos los clientes, pero VHS lo siguió en 1976, lanzado por JVC. Ya en 1980, el VHS había conquistado cerca del 60 % del mercado del video doméstico en Norteamérica. El plan inicial de Sony era presentar su producto como si no tuviera alternativa, con la esperanza de dictar las normas de la industria y ofrecer Betamax a JVC. Sin embargo, JVC disponía de su propia tecnología de desarrollo y pensó que podía hacerlo mejor lanzando su propio producto. Más tarde, otras empresas siguieron el ejemplo de JVC, destruyendo las esperanzas de Sony de cosechar los beneficios mientras todos los fabricantes se limitaban a adoptar su tecnología.

Logotipo de Betamax[33]

Cuando el VHS llegó al mercado, era más ligero y más barato, y las desventajas en la calidad de sonido y video eran aceptables por la diferencia de precio. Los profesionales y los estudios podían preocuparse por una calidad ligeramente superior, pero el consumidor promedio, que quería filmar cumpleaños y campamentos no se impresionaba como para pagar más. Además de ser más barato y ofrecer muchas de las mismas funciones, con una ligera reducción de la calidad, el VHS permitía grabar cintas más largas. Para muchos consumidores, este fue el principal argumento de elección.

En última instancia, JVC demostró comprender mejor lo que querían los consumidores. En una década, la representación en el mercado del Betamax cayó por debajo del 10 %, dejando al VHS como rey indiscutible del video casero. Sony luchó durante años, introduciendo importantes mejoras tecnológicas, como audio de alta fidelidad, mayor ancho de banda y un notable aumento de la calidad de video. Aunque estas mejoras despertaron el interés de algunos aficionados, el precio seguía siendo notablemente superior al del VHS. Mientras tanto, JVC trabajaba en mejoras similares, asegurándose de mantener una cantidad de clientes cada vez mayor. En cierto modo, la guerra de los formatos de video fue un enfrentamiento entre lo supuestamente superior y lo obviamente asequible. Lo asequible resultó ser lo que el consumidor prefería.

Preguntas de recapitulación

- ¿Cómo respondió cada empresa a la reacción del mercado o al rechazo de su producto?

  _____

  _____

  _____

  _____

- ¿Cómo pueden considerarse estos errores empresariales tanto fracasos como oportunidades de aprendizaje?

  _____

  _____

  _____

  _____

- ¿Cómo influyeron estos históricos errores empresariales en las estrategias modernas de desarrollo y comercialización de productos?

  _____

  _____

  _____

  _____

Capítulo 8: Catástrofes de altura

El transporte aéreo y la exploración espacial son algunas de las áreas más importantes en las que ha florecido la innovación estadounidense. El primer avión voló en Carolina del Norte en 1903, donde se llevaron a cabo las pruebas del exitoso desarrollo de los legendarios hermanos Wright. Durante la carrera espacial, los soviéticos tomaron la delantera en varios frentes, pero las increíbles innovaciones de mentes brillantes de la ciencia permitieron a Estados Unidos alcanzar a la URSS y, finalmente, ganar la carrera por llegar a la Luna.

El primer vuelo de Wright tuvo lugar en 1903, en Carolina del Norte[24]

Desgraciadamente, estos proyectos épicos rara vez son gratuitos. Las grandes ambiciones de los pioneros del aire y el espacio se vieron trágicamente frustradas en varias ocasiones, aunque al final el progreso siempre encontró su camino. Aunque la superación de los límites tecnológicos ha tenido un costo humano, el espíritu indomable de la exploración ha triunfado siempre sobre los contratiempos, especialmente en Estados Unidos.

El desastre del *Challenger*

El 28 de enero de 1986, todo el público estadounidense conoció de primera mano el terrible precio que puede tener la exploración espacial. Fue un caso excepcional de un terrible desastre transmitido en directo a millones de espectadores, que lo sintonizaron a través de sus televisores. Entre los siete tripulantes se encontraba Christa McAuliffe, una profesora de New Hampshire que iba a hacerse famosa por ser la primera civil en viajar al espacio. Por desgracia, ella y el resto de la tripulación quedaron en la memoria como víctimas de uno de los peores días del programa de transbordadores espaciales de la NASA. Como McAuliffe era profesora, el lanzamiento del transbordador fue visto también por muchos escolares estadounidenses, lo que hizo que la experiencia fuera aún más angustiante.

El 28 de enero no fue el primer lanzamiento del *Challenger*. La nave había emprendido nueve misiones antes de su terrible final. El programa de transbordadores espaciales comenzó en 1976, respondiendo a la necesidad de construir una nave reutilizable, que pudiera cumplir misiones en el espacio y regresar a la Tierra. Cinco años después del inicio del programa, el transbordador espacial *Columbia* fue puesto en órbita con éxito por primera vez. El *Challenger* fue el segundo transbordador espacial del programa y realizó su viaje inaugural el 4 de abril de 1983.

El trágico vuelo estaba previsto para el 22 de enero de 1986, tripulado por siete personas. Christa McAuliffe tenía entonces 37 años y había sido elegida por la NASA para el Programa de Profesores en el Espacio. Christa era profesora de escuela y, por tanto, no tenía las credenciales habituales de los astronautas. La idea del programa era ofrecer a un civil estadounidense común la oportunidad de ir al espacio, lo que requería meses de preparación y entrenamiento.

Tras un breve retraso debido a problemas meteorológicos y técnicos, la misión estaba lista para despegar del Centro Espacial Kennedy, en Florida, el 28 de enero. Era una mañana fría, lo que suponía un problema potencial, fácilmente identificable en el lanzamiento de un transbordador. Los ingenieros de la NASA lo sabían, y no tenían ninguna duda de que el lanzamiento sería problemático en esas condiciones. Se sabía que las juntas tóricas del *Challenger*, componentes importantes que sellaban las uniones de los cohetes propulsores, no se comportaban muy bien en climas fríos. Los ingenieros lo comunicaron a sus superiores, pero su preocupación no fue tenida en cuenta y se dio luz verde a la misión.

El despegue se inició exactamente a las 11:39 de la mañana, bajo la atenta mirada de cientos de espectadores y millones de telespectadores. Apenas 73 segundos después del lanzamiento, el *Challenger* explotó en una bola de fuego y humo haciéndose pedazos, mientras las familias de la tripulación y un país conmocionado lo contemplaban horrorizados. Las partes rotas del transbordador llovían sobre el océano, mientras todos los espectadores entendían que nadie podría sobrevivir a la catástrofe. En efecto, todos los que iban a bordo murieron al instante y el destino de todo el programa de transbordadores espaciales se puso en duda.

Inmediatamente después, el presidente Reagan organizó una comisión de investigación para analizar el desastre y proponer medidas para que no se repitiera. Encabezada por William Rogers, la comisión incluía a expertos como Neil Armstrong y Chuck Yeager, un prolífico piloto de pruebas. La Comisión Rogers descubrió rápidamente que, tal y como habían advertido los ingenieros, las juntas tóricas fallaban a bajas temperaturas, porque se volvían quebradizas. Cuando las juntas se rompieron, el fuego del cohete propulsor llegó hasta el depósito externo de combustible, que sufrió daños y provocó la catastrófica explosión en vuelo. Este flagrante fallo de diseño fue culpa de la empresa fabricante, Morton Thiokol, pero se conocía. Por lo tanto, la alta dirección de la NASA también fue cómplice de la tragedia.

Esta tragedia hizo retroceder todo el programa espacial y provocó la suspensión de los vuelos espaciales tripulados durante más de dos años. Los transbordadores espaciales fueron sometidos a revisiones y rediseños, y los vuelos se reanudaron en septiembre de 1988. Ese año, la NASA lanzó con éxito el *Discovery,* y el programa funcionó sin problemas durante los años siguientes, restaurando gran parte de la confianza del público en el transbordador espacial. Desgraciadamente, el desastre volvió a producirse el 1 de febrero de 2003, cuando el *Columbia* se partió al reingresar en la atmósfera, matando de nuevo a los siete tripulantes. En 2005, se reactivó el programa de transbordadores espaciales, y los vuelos continuaron durante algunos años más, hasta que se interrumpió definitivamente en 2011.

El desastre del *Hindenburg*

El enorme dirigible *Hindenburg* era un verdadero leviatán, que se cernía con dominio sobre cualquier pueblo o ciudad que visitara. Aunque su histórica desaparición se produjo en Estados Unidos y, por lo tanto, puede clasificarse entre las catástrofes aéreas estadounidenses, el *Hindenburg* no era un dirigible estadounidense. De hecho, era el orgullo del Tercer Reich y representaba las últimas y más lujosas tendencias de la ingeniería aeronáutica alemana. En muchos sentidos, el *Hindenburg* fue para el transporte aéreo lo que el *Titanic* fue para el transporte marítimo.

El desastre del *Hindenburg*

El LZ 129 *Hindenburg* era un enorme zepelín, también conocido como dirigible, que fue construido entre 1931 y 1936, y lanzado justo un año antes de su desaparición. En el periodo de entreguerras, los zepelines eran un medio de transporte seguro, rápido y cómodo, especialmente para los viajes a través del Atlántico. El *Hindenburg* era un gigante poderoso, capaz de cruzar el Atlántico en la mitad de tiempo que los transatlánticos más rápidos de la época. En la década de 1930, los aviones eran cada vez más numerosos, pero mucha gente creía que los dirigibles eran el verdadero futuro de los viajes aéreos. Una de las principales razones era la comodidad que permitían, imposible en un avión.

Los viajeros de entonces, sobre todo los más adinerados, esperaban disfrutar de comodidades, espacio y lujos cuando viajaban en avión, a lo que se habían acostumbrado en los transatlánticos. El *Hindenburg* y otros dirigibles similares ofrecían precisamente eso. Los zepelines de las líneas aéreas tenían una capacidad de pasajeros mucho menor que los barcos o los aviones comerciales actuales, pero la economía no era una prioridad. Espaciosos camarotes, un restaurante y una zona de descanso con piano eran algunas de las ventajas de cruzar el océano a bordo del *Hindenburg*. El dirigible era operado por la aerolínea alemana DZR, que ofrecía a sus clientes una experiencia similar a la de un hotel en el cielo.

Cuando el *Hindenburg* se estrelló y ardió, los viajes aéreos en zepelín contaban ya con una tradición de treinta años y un buen historial de seguridad. Debido a las comodidades que ofrecían, a la reducción del tiempo de viaje y a los miles de vuelos realizados con éxito a lo largo de las décadas, en el periodo de entreguerras no había motivos para pensar que los dirigibles dejarían de ser populares, especialmente para distancias largas. El desastre de 1937 asestó un golpe devastador a tales ideas, contribuyendo al rápido declive de la popularidad de los dirigibles y al auge gradual de los aviones de pasajeros.

Este dramático cambio en la percepción pública es también un ejemplo temprano del poder de los medios audiovisuales. Las imágenes y videos tomados y ampliamente difundidos causaron conmoción y eclipsaron por completo el sólido historial de seguridad de los dirigibles. Las imágenes de la horrenda inmolación del leviatán flotante son ciertamente inquietantes .Es dudoso que las noticias de un único accidente de dirigible hubieran podido causar el mismo daño a la reputación de la aeronave sin el video que las acompañaba.

De todas formas, la catástrofe en sí fue objetivamente impactante y mortal, ya que murieron un total de 36 personas, entre tripulantes, pasajeros y un transeúnte en tierra. El *Hindenburg* se incendió el 6 de mayo de 1937, mientras atracaba en Manchester Township, Nueva Jersey. A pesar de su imponente tamaño y su impresionante construcción, el principal defecto de la nave era el gas de elevación, en este caso hidrógeno, que tenía un espacio de 7 millones de pies cúbicos. El enorme aerostato estaba construido con compartimentos que debían impedir una rápida propagación del fuego en caso de accidente, pero nada salió bien aquel día. El hidrógeno es un gas altamente inflamable y, según algunos, el accidente era inminente. Aunque era más barato, abundante y ofrecía más estabilidad, se sabía que el hidrógeno conllevaba un peligro de incendio. La opción ideal era el helio, pero era un gas raro y costoso, que además estaba sujeto a una prohibición de exportación estadounidense en la época en que se estaba construyendo el *Hindenburg*.

Nunca se ha podido determinar la causa de la chispa que desencadenó el espectacular y espantoso incendio del *Hindenburg*. Mientras intentaba aterrizar, el dirigible se vio acosado por unas condiciones meteorológicas difíciles y una extraña falla en su sección de cola. En algún momento, se produjo una importante fuga de gas que se encendió por una descarga estática espontánea o una chispa atmosférica. El enorme y rápido infierno envolvió rápidamente una enorme sección del aerostato, antes de causar una explosión masiva, como se aprecia claramente en las fotografías y videos del incidente. Hasta el día de hoy, este material audiovisual es un símbolo de cómo un medio de transporte ardió en llamas, tanto físicamente como en la percepción del público. Los zepelines se siguen utilizando hoy en día, pero la industria nunca se recuperó del todo de este desastre germano-estadounidense.

La tragedia del Apolo 1

El Apolo 1 debía ser el primer lanzamiento tripulado del legendario programa Apolo, nacido de la promesa de JFK de enviar un hombre a la Luna y devolverlo sano y salvo a la Tierra. La misión se llamaba originalmente AS-204, pero su trágico desenlace motivó a las viudas de los astronautas fallecidos a solicitar el cambio de nombre a Apolo 1. El nombre Apolo estaba destinado a la aeronáutica espacial, pero el AS-204 nunca llegó a convertirse en Apolo, ya que falló catastróficamente durante un ensayo de lanzamiento en tierra.

La tripulación del Apolo 1[96]

El nombre de Apolo 1 significaba conceder a los astronautas, al menos simbólicamente, el tan esperado vuelo, que nunca llegaron a realizar. Era una forma de honrar los sacrificios de los tres astronautas que perecieron en este paso fundamental para hacer realidad las misiones tripuladas al satélite natural de la Tierra. Los tres tripulantes recibieron también póstumamente la Medalla de Honor Espacial del Congreso. La tripulación estaba formada por Virgil «Gus» Grissom, Ed White y el menos experimentado de ellos, el joven Roger Chaffee.

La fase principal del lanzamiento de la misión estaba prevista para el 21 de febrero de 1967, precedida de un período de intensas pruebas. Para entonces, el programa Apolo de JFK no iba tan bien como se pretendía. Los diseños de las naves espaciales se estaban retrasando el programa del calendario previsto y aplazando la primera misión tripulada. Además, muchas de las pruebas realizadas con la nave fracasaron, lo que suscitó muchas preocupaciones, entre ellas las de los propios astronautas. Los tres astronautas expresaron abiertamente sus dudas, en la NASA y en público. Incluso hicieron una fotografía en broma, en la que aparecían todos rezando sentados alrededor de una maqueta a pequeña escala de su nave espacial.

En los primeros días del programa Apolo, nadie quería concentrarse en el peligro de las misiones. Por eso, los astronautas enfrentaban la amenaza de la muerte con un espíritu casi cómico. El elevado objetivo de llevar a un hombre a la Luna era tan abrumador que eclipsaba cualquier temor. También había cierto grado de arrogancia en todo el esfuerzo, derivado de la confianza que la NASA había adquirido gracias a sus numerosos lanzamientos tripulados con éxito en los años previos al Apolo 1. Como dijo el director de vuelo Gene Kranz en el libro *El fracaso no es una opción*, «el éxito se había convertido en rutina».

No obstante, las preocupaciones expresadas por los astronautas eran legítimas, en particular las relativas al exceso de materiales inflamables en el módulo de mando. Sin embargo, 25 días antes del lanzamiento, había poca motivación para introducir grandes cambios en el diseño de la nave, y los implicados aceptaron el riesgo. Desgraciadamente, el simulacro rutinario del 27 de enero fue un cruel recordatorio de que debían tomarse todas las precauciones. Mientras se dirigían a la parte superior del cohete propulsor y entraban en el módulo de mando, los tres astronautas imaginaban que la prueba transcurriría sin contratiempos.

La prueba giraba en torno a un ejercicio que se presumía muy seguro. Todo lo que tenían que hacer era desconectar su módulo de la alimentación de la plataforma de lanzamiento y conectarlo a su propio suministro. El cohete propulsor no tenía combustible, y se suponía que no podría producirse una explosión. Sin embargo, la cabina presurizada del módulo estaba llena de oxígeno puro que, en las condiciones adecuadas, podría inflamarse. Horas después de una prueba lenta, con dificultades técnicas relacionadas con los equipos de comunicación, una sola chispa, probablemente causada por instalaciones defectuosas, desencadenó un incendio en el módulo. Al empezar un intenso incendio, la red de nailon y el velcro, previamente identificados por los astronautas como peligrosamente inflamables, se incendiaron y envolvieron a los astronautas en un terrible infierno.

El fuego y el humo tóxico probablemente mataron a la tripulación rápidamente, pero el proceso fue lo suficientemente lento como para que los ingenieros oyeran a los astronautas entrar gradualmente en pánico, a medida que el fuego los envolvía. El equipo de rescate tardó horas en abrir el módulo y recuperar los cuerpos de los tripulantes. En los días siguientes a la catástrofe, Kranz reconoció arrepentido los numerosos fallos del proyecto y de la gestión del mismo por parte de la

NASA. Admitió que el entusiasmo de todos los implicados era tan grande, que ignoraban los problemas deliberada o inconscientemente, limitándose a esperar lo mejor. La desastrosa magnitud de tales descuidos solo se aclaró en retrospectiva, cuando los participantes del programa pudieron dejar a un lado sus prejuicios y sueños.

El peso de la tragedia sobre la conciencia de todos los implicados en el programa se vio algo aliviado por las increíbles declaraciones que Gus Grissom había hecho en las semanas previas al lanzamiento. En declaraciones a la prensa, Grissom pidió al público que aceptara cualquier resultado, incluida la muerte de la tripulación. En la mente de los astronautas no había lugar para dudas sobre la importancia de la misión. «La conquista del espacio merece el riesgo de la vida», explicó Grissom, añadiendo que, pasara lo que pasara, el programa Apolo no debía retrasarse.

La NASA tomó la acertada decisión de contradecir los deseos de Grissom solo en parte, poniendo en suspenso los vuelos tripulados durante más de veinte meses, mientras se resolvían problemas cruciales con la nave espacial. Las lecciones aprendidas de la tragedia permitieron importantes revisiones de seguridad, que mejoraron enormemente el módulo de mando, equilibrando la atmósfera presurizada dentro de la cabina, eliminando materiales inflamables y mucho más. En total, se hicieron miles de cambios antes de que el famoso Apolo 11 realizara su viaje lunar, en julio de 1969. Aunque el trío del Apolo 1 nunca llegó a pisar la Luna, Neil Armstrong y Buzz Aldrin los llevaron allí en espíritu, dejando una medalla conmemorativa con sus nombres en la superficie lunar.

Preguntas de recapitulación

- ¿Cómo afectó cada catástrofe a la percepción pública y a la confianza en los viajes aéreos y espaciales?

- ¿Qué medidas de seguridad y reformas se llevaron a cabo tras estas tragedias?

- ¿Cómo han influido estos sucesos en la toma de decisiones éticas en el ámbito aeroespacial y de la ingeniería?

Capítulo 9: Fiascos financieros recientes

A estas alturas, la recurrente lucha estadounidense contra las dificultades económicas ha puesto a prueba la confianza de la nación en el sistema financiero de siglos. Ha sido un complejo laberinto de recesiones financieras, prácticas empresariales engañosas y mala gestión, yuxtapuesto con la promesa de oportunidades y libertad económica que la gente ha aprendido a esperar de Estados Unidos. Esta lucha ha sido un ciclo repetitivo de desastres periódicos, normalmente seguidos de reformas para atajar las crisis.

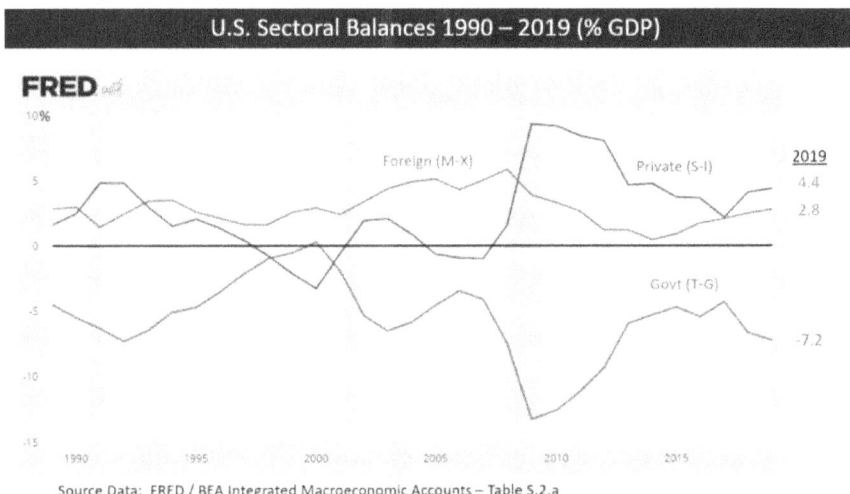

Source Data: FRED / BEA Integrated Macroeconomic Accounts – Table S.2.a

Captura de pantalla de la gran recesión que tuvo lugar entre 2007-2008[27]

Los efectos de estos incidentes sobre los ciudadanos estadounidenses han sido considerables. A pesar de las esperanzadoras perspectivas en torno al final de la Guerra Fría, estos episodios han seguido asolando la vida económica estadounidense hasta el presente. También siguen representando un peligro para la estabilidad de Estados Unidos, ya que la confianza de los ciudadanos en los sistemas financieros del país es un factor importante para mantener la economía en marcha.

La crisis financiera de 2008

La crisis financiera que comenzó en 2007 culminó con el desplome de 2008 y desembocó en una crisis mundial conocida como la Gran Recesión. A escala mundial, la crisis se considera el peor desastre económico desde la Gran Depresión. Fue un episodio económico calamitoso que aún está fresco en la memoria, con consecuencias que se pueden sentir hasta el día de hoy. Aunque la recesión se desencadenó por el estallido de la tristemente célebre burbuja inmobiliaria de Estados Unidos, las verdaderas causas profundas de la crisis se han debatido largo y tendido. El desastre también dejó un efecto duradero en la economía y sus debates adyacentes, con la popularización de términos como «demasiado grande para quebrar» en referencia a instituciones financieras fundamentales para la economía mundial.

El sistema bancario, los altos ejecutivos de las empresas y, como es habitual, los inversores especulativos, han sido blanco frecuente de críticas en relación con la Gran Recesión. La recesión causó mucho dolor en el mundo real en diversas industrias de todo el mundo, arruinando vidas y borrando fortunas. Como tal, sin duda ha dejado una de las marcas recientes más fuertes en la confianza pública tanto en las instituciones financieras como en el gobierno, entre los estadounidenses y en otros lugares. En el punto álgido del desplome, en 2007, el mercado bursátil experimentó su mayor pérdida en un solo día desde el desplome de 1987, pero las consecuencias serían todo menos pasajeras. El desplome se ha descrito ampliamente como una «tormenta perfecta» de prácticas predatorias, burbujas de precios, activos tóxicos y riesgos irresponsables asumidos por las principales instituciones financieras.

Aunque ya se habían producido señales ominosas durante un largo periodo previo, todo empezó en serio a mediados de septiembre de 2008 con el repentino colapso de Lehman Brothers. Esta antigua y enorme institución financiera era una de las consideradas «demasiado grandes para quebrar». Mientras la prensa se agolpaba en la Séptima

Avenida de Manhattan en busca de respuestas, pocos miembros del conmocionado público podían descifrar cómo era posible semejante desplome. Lehman Brothers era un gigantesco banco de inversión con 158 años en el negocio y encarnaba la esencia de Wall Street. El gobierno federal tampoco dio respuestas concretas sobre lo sucedido. La única reacción inicial de Washington fue que la economía podía sobrevivir sin Lehman, lo que significaba que no habría rescates para la empresa. El gobierno estadounidense ya había rescatado antes a varias grandes empresas financieras (algunas de ellas competidoras directas de Lehman), por lo que la negativa a rescatar a Lehman no se debió a la postura de principios del gobierno en contra de los rescates corporativos. De hecho, es más probable que los analistas del gobierno creyeran que Lehman era «demasiado grande para quebrar».

Esta frase, sin duda una de las más despreciadas ese año, siguió resonando a medida que las cosas se deterioraban. El origen del problema, como ahora se entiende ampliamente, estaba en el mercado inmobiliario. Estados Unidos tiene una larga historia de subvenciones al mercado de la vivienda que se remonta a la década de 1930, y el apoyo no hizo sino aumentar después de la Segunda Guerra Mundial. Uno de los principales problemas en el período inmediatamente anterior a la catástrofe de 2008 fue el aumento sin precedentes de la deuda hipotecaria, que se disparó entre 2001 y 2007 casi tanto como a lo largo de toda la historia estadounidense anterior.

Junto con la burbuja que prácticamente duplicó los precios de la vivienda en EE. UU., la situación era propicia para los problemas. A pesar de estas alarmantes circunstancias, los prestamistas hicieron una agresiva campaña para conseguir que tantos estadounidenses como pudieran pidieran más dinero prestado para comprar casas. La campaña llegó hasta tal punto que muchos de los vendedores que promocionaban estas hipotecas apenas confirmaban que los prestatarios pudieran realmente devolver los préstamos o que tuvieran siquiera activos para cubrirlos. Muchas de las ofertas parecían demasiado buenas para ser verdad, y así eran exactamente. Las prácticas de venta de la década de 2000 se calificaron de abusivas con razón. Mientras tanto, el gobierno federal tenía poco que decir.

Lehman estaba muy involucrado en estas hipotecas de alto riesgo, hasta el punto de que la empresa estaba amenazada con que se rebajara su calificación crediticia. La razón por la que los vendedores no actuaban con la diligencia debida a la hora de conceder préstamos era que las empresas para las que trabajaban, como Lehman, no tenían ningún interés en mantener estos préstamos durante mucho tiempo. Las hipotecas se vendían rápidamente a otra persona, y las empresas se centraban en aventuras de inversión cada vez más arriesgadas. En el mundo financiero todo esto preocupaba poco, ya que la comunidad inversora y los bancos estaban acostumbrados a un mercado inmobiliario estable que sabían que contaba con el respaldo del gobierno.

La laxa supervisión y regulación gubernamental del sector bancario, que había seguido una tendencia a la baja desde la Gran Depresión, no hizo sino alentar un comportamiento arriesgado e irresponsable. La burbuja era tan tentadora que ni siquiera los bancos de inversión más antiguos, poderosos y fiables pudieron resistirse. Cuando todo se vino abajo, todo el sistema político y financiero quedó en estado de shock. En la década de 2000, la economía de Estados Unidos estaba más interrelacionada que nunca a escala internacional, lo que significaba que un colapso de esta magnitud produciría repercusiones imprevistas y devastadoras en todo el planeta.

La crisis de ahorros y prestamos

La crisis de las cajas de ahorro y los préstamos se refiere a un acontecimiento de los años ochenta y noventa que acabó con casi un tercio de las cajas de ahorro y préstamos de Estados Unidos. Estas asociaciones en quiebra, normalmente abreviadas como «S&Ls», representaban exactamente 1.043 o el 32 % de todas las instituciones de este tipo en Estados Unidos. Tanto el ahorro como el préstamo son aspectos esenciales de cualquier economía sana, por lo que la pérdida de tantas S&L en un periodo relativamente corto fue una fuente de considerable angustia en Estados Unidos. La quiebra de estas S&L se debió a una serie de factores, como la creciente inflación y el aumento de los tipos de interés bancarios a finales de los años 70 y principios de los 80. Uno de los problemas inmediatos que estos cambios causaron en la economía estadounidense fue la crisis financiera.

Un problema inmediato que estos cambios causaron en el mercado de S&L fue que los tipos de interés de los depósitos, fijados por el gobierno, se volvieron bajos y poco atractivos para la gente que buscaba ahorrar dinero en ciertas instituciones. En busca de mejores oportunidades, los ahorradores retiraron importantes cantidades de sus ahorros y se los llevaron a otra parte, normalmente a bancos normales, infligiendo un duro golpe a muchas S&L. La subida de los tipos de interés también hizo que las hipotecas a largo plazo y a tipo fijo perdieran gran parte de su valor, lo que hizo caer el patrimonio neto de las asociaciones de S&L.

Aunque sobre el papel las asociaciones de S&L parecen similares a los bancos, no son lo mismo. Antes de la crisis, este sector tenía en Estados Unidos una tradición de unos 150 años, que se remontaba a 1831 en Pensilvania. Las entidades de ahorro y préstamo estadounidenses, también llamadas *thrifts*, empezaron como una iniciativa más bien popular de personas que querían comprar una casa, pero no podían ahorrar suficiente dinero. La iniciativa fue un ejemplo de organización comunitaria en pos de la propiedad de la vivienda en una época en la que los bancos no concedían hipotecas residenciales.

Para superar este problema, los miembros de las asociaciones de S&L reunían todos sus ahorros y elegían a unos pocos miembros a los que concedían préstamos para comprar viviendas. Cuando el dinero volvía a fluir a medida que los miembros prestatarios empezaban a devolver sus préstamos, se abría la misma oportunidad para otros miembros. El sistema funcionaba bien y con el tiempo se convertiría en una industria próspera, aunque las S&L, por regla general, seguían siendo más pequeñas que los bancos típicos. Eran menos y también tenían menos activos, pero en conjunto, las 3.000-4.000 S&L que operaban en Estados Unidos en 1980 tenían unos 600.000 millones de dólares en activos, incluidos 480.000 millones en préstamos hipotecarios. En 1980, esta cifra representaba aproximadamente la mitad de todas las hipotecas pendientes.

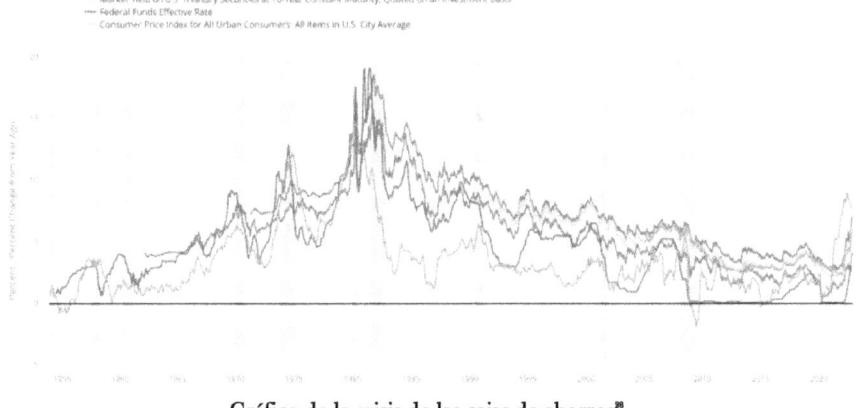

Gráfico de la crisis de las cajas de ahorros[28]

Cuando la crisis empezó a descontrolarse, el gobierno primero quiso intervenir, pero luego intentó lo contrario. La primera respuesta legislativa fue la Ley de Desregulación de las Instituciones Depositarias y Control Monetario de 1980 de Jimmy Carter. El gobierno federal se dio cuenta rápidamente de que sus reguladores estaban mal equipados para hacer mella en las pérdidas masivas de S&L que se estaban produciendo, principalmente debido a la falta de recursos disponibles.

Por eso el gobierno intentó entonces desregular el sector de las S&L, con la esperanza de que las fuerzas del mercado siguieran su curso y condujeran a un crecimiento espontáneo. Desgraciadamente, el efecto fue contrario a su intención, y el problema empeoró, aunque durante un tiempo se produjo un crecimiento sustancial. Como suele ocurrir, el colapso final hizo que el contribuyente estadounidense tuviera que cargar con el peso, ya que el Congreso decidió introducir un rescate. A finales de la década de 1980, el sector fue objeto de amplias reformas y legislaciones para enderezar la situación.

El intento inicial de desregulación entre 1982 y 1985 dio frutos repentinos. Dado que los tipos de interés impuestos por el gobierno eran los que ahogaban al sector de las S&L, se intentó eliminar diversas restricciones del mercado. La cobertura del seguro de depósitos, por ejemplo, pasó de 40.000 a 100.000 dólares. Esto hizo que incluso las S&L con peores resultados volvieran a ser atractivas para los depósitos. Los distintos estados introdujeron sus propias medidas, dando lugar a diversos excesos locales. Los activos del sector crecieron un 56 %, el doble que los de los bancos.

La nueva situación permitió que entidades de ahorro que de otro modo habrían quebrado se mantuvieran a flote e incluso experimentaran un crecimiento, lo que dio lugar a la aparición de las denominadas S&L zombis. Con sus nuevas libertades, las «zombis» podían ofrecer mucho más para atraer más depósitos. A continuación, empezaron a invertir su abundante efectivo en empresas de riesgo, buscando rendimientos rápidos pero masivos. Estas entidades insolventes «se arruinaron», ya que el peso de sus posibles quiebras recaería en última instancia sobre el contribuyente en los consiguientes rescates.

Las quiebras que comenzaron a producirse a finales de la década de 1980 fueron bastante espectaculares, con Texas como epicentro principal. Mientras tanto, el fondo de seguros de las cajas de ahorros

(FSLIC), que carecía de fondos suficientes, era incapaz de cubrir las pérdidas de las inversiones fallidas de las S&L irresponsables. Esto provocó incidentes extraños, como el incendio en 1987 de varios proyectos de construcción en Texas, que las S&L fallidas habían financiado como inversión. Para la FSLIC, era más barato destruir las propiedades que terminarlas y colocarlas en el mercado.

Cuando el Congreso aprobó la Ley de Reforma, Recuperación y Ejecución de las Instituciones Financieras de 1989, el desastre había rebasado todos los límites razonables. Se llevaron a cabo amplias reformas, incluida la abolición de la FSLIC y del principal organismo regulador de los bancos de ahorro, el Federal Home Loan Bank Board. Hicieron falta seis años para controlar la situación a finales de 1995, cuando la crisis había costado al contribuyente estadounidense unos 124.000 millones de dólares. En conjunto, la reforma legislativa fue sólida y proporcionaría más de una década de estabilidad al sector bancario, que llegó a su fin en 2008.

El escándalo Enron

Pocos años antes de la crisis de 2008, Estados Unidos ya había sufrido otro gran escándalo financiero relacionado con Enron Corporation. Enron era una empresa energética innovadora muy apreciada por los inversores y muy popular en Wall Street. También tuvo un gran éxito, con 63.400 millones de dólares en activos a finales de 2001. Cuando quebró a principios de diciembre de ese año, fue la mayor quiebra de la historia estadounidense hasta ese momento. Mientras que la crisis de 2008 fue un enorme proceso de desastre con un sinfín de factores que confluyeron para causar estragos, la quiebra de Enron fue más directa, con culpables más fáciles de identificar.

Las secuelas de la quiebra revelaron una enmarañada red de fraudes y delitos financieros en abundancia, que dieron lugar a demandas y penas de prisión. Por desgracia para Wall Street, el hedor de las fechorías financieras de Enron era demasiado fuerte para escapar. El escándalo mancharía la reputación de todo el mercado de valores y dañaría su activo más valioso, que es la confianza del público inversor. El entendimiento no escrito de que un fraude financiero a escala épica no era un riesgo para los inversores que querían comprar acciones estadounidenses se basaba en esa confianza.

Enron comenzó con una fusión de dos empresas de gas natural bajo la dirección de Kenneth Lay en 1985 y se denominó Enron al año siguiente. Enron empezó explotando gasoductos, pero cuando esta actividad dejó de ser rentable tras la desregulación del mercado del gas natural por el gobierno a principios de los 90, Enron pasó a dedicarse al comercio de contratos de derivados energéticos. En esencia, se convirtió en un intermediario entre los consumidores y los productores de gas natural. Jeffrey Skilling fue el cerebro de este nuevo modelo de negocio. Resultó ser un éxito masivo para Enron, convirtiendo a la empresa en un nombre muy conocido en relación con los contratos de gas natural.

En algún momento, sin embargo, la codicia empezó a hacer mella. Skilling quería que la empresa se dedicara a operaciones cada vez más agresivas, que conllevaban más riesgos. Bajo su dirección, Enron fomentó una cultura de intensa competencia en ventas, animando a los empleados a cerrar el mayor número de operaciones lo más rápido posible. Un empleado llamado Andrew Fastow se distinguió como el vendedor más agresivo, y no tardó en convertirse en director financiero de Enron.

Tales operaciones agresivas requerían formas de mitigar los crecientes riesgos, que Enron decidió llevar a cabo mediante diversas formas de fraude. La estrategia elegida fue el uso de las llamadas entidades de propósito especial (SPE), que ayudaron a la empresa a ocultar miles de millones de dólares de deuda contraída en operaciones y proyectos que fracasaron. Lo que comenzó como un intento de reducir el riesgo manipulando el sistema, utilizando lagunas jurídicas y erosionando la transparencia, pronto se convirtió en uno de los mayores casos de fraude empresarial de la historia de Estados Unidos. Enron creció a una velocidad vertiginosa durante la década de 1990, extendiendo sus tentáculos a todo tipo de mercados y participando incluso en la burbuja de las puntocom.

Las SPE de Enron también permitieron a la empresa inflar sus márgenes de ganancia, creando la imagen de un modelo de negocio perfecto sobre el papel. Los inversores estaban enganchados, y las inversiones y los nuevos acuerdos llegaban a raudales de todas partes. Mientras tanto, Fastow y varios ejecutivos estafaban al público inversor y al consejo de administración de la empresa. Por si fuera poco, Fastow ejerció diversas presiones sobre los auditores de Arthur Andersen, una de las cinco mayores sociedades de auditoría y contabilidad del mundo, para que ignoraran la mayoría de los problemas que inevitablemente encontraban.

La empresa ganó tanto dinero en tan poco tiempo que sin duda levantaría sospechas. Varios analistas empezaron a indagar a mediados de 2001, y el escándalo no tardó en estallar. Las consecuencias no se hicieron esperar y provocaron el hundimiento de Enron y, con él, de Arthur Andersen. Varios ejecutivos fueron condenados a penas graves de prisión tras los juicios subsiguientes, pero el verdadero daño fue para la confianza de Estados Unidos en el sistema financiero.

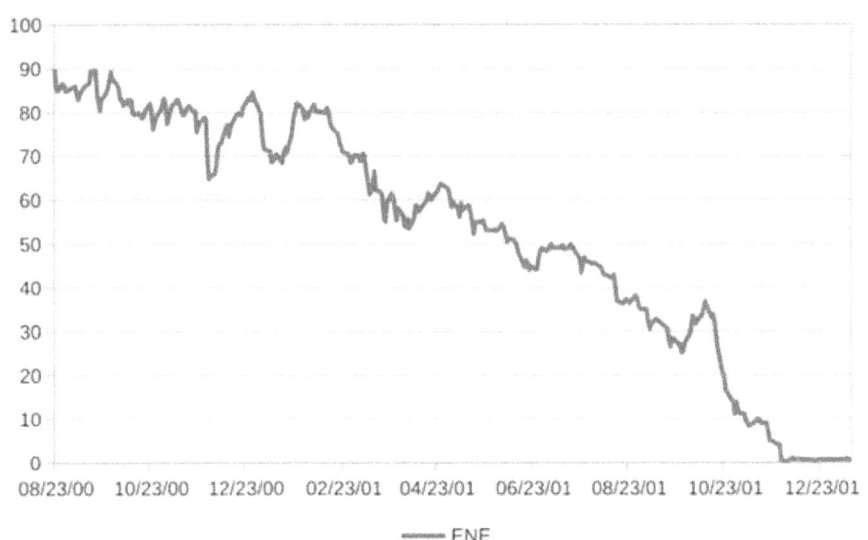

Enron Stock Price from August 23, 2000 to January 11, 2002

Gráfico del escándalo Enron[19]

Los espectadores se dieron cuenta de que incluso las empresas más prometedoras podían hundirse, lo que hizo que los inversores de clase media se mostraran más reacios a invertir en acciones, ya que no podían permitirse el riesgo. Esta consecuencia se deja sentir hasta hoy, ya que el número de estadounidenses de rentas bajas que participan en el mercado de valores ha disminuido. Indirectamente, esto ha contribuido a la desigualdad de la riqueza en Estados Unidos, cada vez más grave. La respuesta legislativa al escándalo fue grande, ejemplificada sobre todo por la Ley Sarbanes-Oxley.

El objetivo de esta ley, que sigue en vigor, era garantizar una mayor responsabilidad de los altos ejecutivos de las empresas en relación con los estados financieros que publican sus compañías. Es discutible si la ley hizo lo suficiente por restaurar la confianza pública en el mercado de valores. Sobre el papel, proporciona una transparencia mayor y más fiable, pero los críticos han sugerido que el proyecto de ley no introdujo muchas medidas ni controles gubernamentales que no existieran antes. Según estas críticas, el mayor efecto de la ley fue aumentar el papeleo y los procesos burocráticos con los que tienen que lidiar las empresas públicas.

Preguntas de recapitulación

- ¿Cómo afectaron estas calamidades financieras a la confianza del estadounidense medio en las instituciones económicas?

  _____
  _____
  _____
  _____

- ¿Cuáles fueron las respuestas normativas y legislativas a largo plazo a estas crisis?

  _____
  _____
  _____
  _____

- ¿Cómo ponen de relieve estos acontecimientos la interacción entre la ética empresarial, la supervisión gubernamental y la dinámica del mercado?

  _____
  _____
  _____
  _____

Conclusión

Muchos de los desatinos históricos comentados anteriormente y sus consecuencias ilustran una importante lección, y es que los fracasos no tienen por qué ser puntos finales, sino oportunidades para nuevos comienzos. Las lecciones aprendidas de estos fracasos han servido para tomar decisiones importantes y seguir avanzando, y el paisaje moderno de Estados Unidos es el resultado de estos procesos. Los errores del pasado han vuelto necesarias las reformas normativas, el desarrollo tecnológico y los cambios culturales que han ayudado a Estados Unidos a adaptarse y superar los retos. Todos estos fracasos de antaño tienen un inmenso significado que persiste hasta nuestros días.

Algunos de los fracasos han sido recientes, por lo que aún se están descifrando y comprendiendo sus lecciones. Estas lecciones también se harán patentes mientras los estadounidenses recuerden que conocer y comprender la historia es esencial para que cualquier sociedad avance. Los errores garrafales no hacen a Estados Unidos único en modo alguno. Todos los seres humanos tienen propensión a cometer errores, innovar y, finalmente, evolucionar. Es la forma en que una sociedad afronta sus vergüenzas y desastres pasados y las lecciones que extrae de ellos lo que la hace única. Por supuesto, aprender las duras lecciones de la historia y tomarlas en serio también es importante si se quiere evitar la repetición de tales errores.

Para un país poderoso e influyente como Estados Unidos, quizá una de las lecciones más cruciales de los errores mencionados sea la importancia del equilibrio y el debate. Con sus vastos recursos y su increíble potencial, Estados Unidos tiene la capacidad de lograr hazañas increíbles, pero también de fracasar y producir consecuencias mucho mayores y más desastrosas que muchos países más pequeños. Las políticas futuras y las decisiones importantes deben debatirse en un clima sano y franco, de entendimiento y apertura.

Esta es la única forma de que Estados Unidos logre acomodarse entre el aislamiento y el militarismo desastroso, la extralimitación gubernamental y los mercados incontrolables que especulan en dirección al colapso, o entre la discriminación y la censura. Es un difícil acto de equilibrio, pero Estados Unidos ha demostrado muchas veces que su pueblo tiene la capacidad de caminar por la delgada línea y asegurar un futuro próspero y pacífico para ellos.

Mira otro libro de la serie

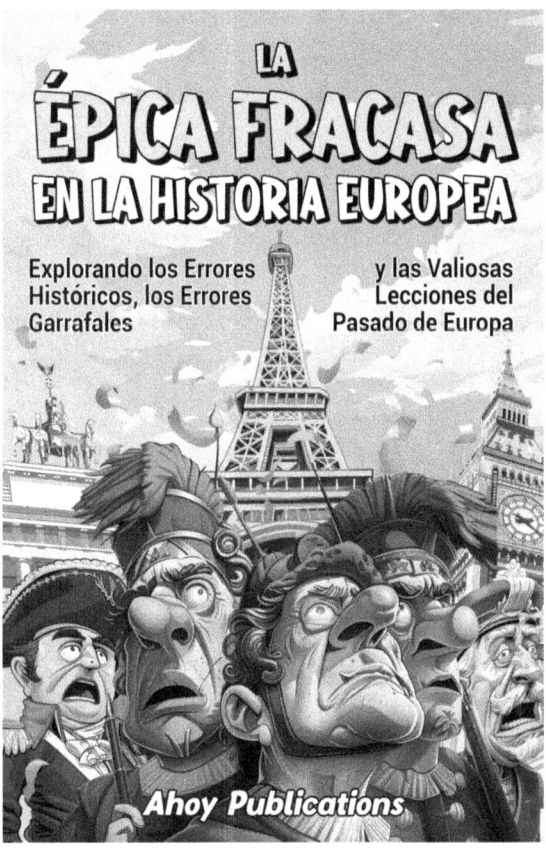

Referencias

Abedin, O. (2016, April 24). Sony Betamax vs VHS: Epic Fails in History #1. Www.linkedin.com.

Bailey, J. D. (n.d.). The Hartford Convention. Bill of Rights Institute.

Bill of Rights Institute. (n.d.). Shays' Rebellion. Bill of Rights Institute.

Case Studies. Business Insider. https://www.businessinsider.com/lessons-from-the-failure-of-the-ford-coke-flopped

Constable, S. (2021, December 2). How the Enron Scandal Changed American Business Forever. Time;

Daugherty, G. (2022, February 14). Why Did the Hindenburg Explode? HISTORY.

Feloni, R. (2015, September 5). 4 Lessons from the Failure of the Ford Edsel, One of Bill Gates' Favorite

forget/2015/03/20/fb525694-ce80-11e4-8c54-ffb5ba6f2f69_story.html

Garner, D. (2010, July 21). Carpet-Bombing Falsehoods About a War That's Little Understood. The New

Grossman, D. (2009). The Hindenburg Disaster. Airships.net.

Harden, B. (2015, March 24). The U.S. war crime North Korea won't forget. Washington Post.

Hayes, A. (2023, June 13). What Ever Happened to the Dotcom Bubble? Investopedia.

hindenburg-disaster-85867521/

HISTORY. History.com. https://www.history.com/topics/immigration/chinese-exclusion-act-1882

History.com Editors. (2009, November 12). Shays' Rebellion. HISTORY.

History.com Editors. (2009, October 27). Bay of Pigs Invasion. HISTORY; A&E Television Networks.

History.com Editors. (2009a, October 27). Dred Scott Case. HISTORY; A&E Television Networks.

History.com Editors. (2009b, November 9). Trail of tears. History.com; A&E Television Networks.

History.com Editors. (2010, May 10). Stock Market Crash of 1929. HISTORY; A&E Television Networks.

History.com Editors. (2017, August 10). Iran-Contra Affair. HISTORY; A&E Television Networks.

History.com Editors. (2018, August 21). Great Recession. HISTORY; A&E Television Networks.

History.com Editors. (2018, August 21). The Hindenburg Disaster. HISTORY; A&E Television Networks.

History.com Editors. (2018, August 21). U-2 Spy Incident. HISTORY; A&E Television Networks.

History.com Editors. (2018, September 12). Challenger Explosion. HISTORY; A&E Television Networks.

History.com Editors. (2018a, May 4). Rosewood Massacre. HISTORY.

History.com Editors. (2018b, August 21). Watts Riots. HISTORY.

History.com Editors. (2019, August 6). Tulsa Race Massacre. History; A&E Television Networks.

History.com Editors. (2019, February 15). Whiskey Rebellion. HISTORY; A&E Television Networks.

HISTORY.COM staff. (2018, August 24). Chinese Exclusion Act: 1882, Definition & Immigrants

https://billofrightsinstitute.org/essays/shays-rebellion

https://billofrightsinstitute.org/essays/the-hartford-convention

https://history-computer.com/business/the-real-reason-betamax-failed-spectacularly/

https://www.airships.net/hindenburg/disaster/

https://www.history.com/news/2008-financial-crisis-causes

https://www.history.com/news/hindenburg-disaster-zeppelin-crash-why

https://www.history.com/news/remembering-the-apollo-1-tragedy

https://www.history.com/this-day-in-history/the-hindenburg-disaster

https://www.history.com/topics/1960s/watts-riots

https://www.history.com/topics/1980s/challenger-disaster
https://www.history.com/topics/1980s/iran-contra-affair
https://www.history.com/topics/21st-century/recession
https://www.history.com/topics/black-history/dred-scott-case
https://www.history.com/topics/cold-war/bay-of-pigs-invasion
https://www.history.com/topics/cold-war/u2-spy-incident
https://www.history.com/topics/early-20th-century-us/rosewood-massacre
https://www.history.com/topics/early-us/shays-rebellion#attack-on-springfield-arsenal
https://www.history.com/topics/early-us/whiskey-rebellion
https://www.history.com/topics/great-depression/1929-stock-market-crash
https://www.history.com/topics/native-american-history/trail-of-tears
https://www.history.com/topics/1920s/tulsa-race-massacre
https://www.investopedia.com/terms/d/dotcom-bubble.asp
https://www.investopedia.com/terms/s/sl-crisis.asp
https://www.linkedin.com/pulse/product-failure-history-lesson-1-sony-betamax-vs-jvc-omar-abedin
https://www.vox.com/2015/8/3/9089913/north-korea-us-war-crime
https://www.washingtonpost.com/opinions/the-us-war-crime-north-korea-wont

Kenton, W. (2021, July 30). Savings and Loan Crisis – S&L Crisis Definition. Investopedia.

Klein, C. (2015). The New Coke Flop. HISTORY. https://www.history.com/news/why-coca-cola-new

Klein, C. (2017, January 26). Remembering the Apollo 1 Tragedy. HISTORY.

M. (2015, August 3). Americans have forgotten what we did to North Korea. Vox.

Marticio, D. (2022, January 15). Dotcom Bubble. The Balance. https://www.thebalancemoney.com/what

Rauchway, E. (2018, September 14). The 2008 Crash: What Happened to All That Money? HISTORY.

Robinson, K. (2013, November 22). Savings and Loan Crisis | Federal Reserve History.

Rothman, L. (2014, November 19). What Happened to the Car Industry's Most Famous Flop? Time;

Smithsonian.com. https://www.smithsonianmag.com/science-nature/what-really-sparked-the

Stromberg, J. (2012, May 10). What Really Sparked the Hindenburg Disaster?

Smithsonian;

Time. https://time.com/3586398/ford-edsel-history/

Time. https://time.com/6125253/enron-scandal-changed-american-business-forever/

Whitten, D. O. (2019). The Depression of 1893. Eh.net. https://eh.net/encyclopedia/the-depression-of

Williams, N. (2022, July 28). The Real Reason Betamax Failed Spectacularly. History-Computer.

Www.federalreservehistory.org. https://www.federalreservehistory.org/essays/savings-and-loan-crisis

York Times. https://www.nytimes.com/2010/07/22/books/22book.html

Fuentes de imágenes

[1] https://commons.wikimedia.org/wiki/File:Signing_of_the_Declaration_of_Independence_4K.jpg

[2] https://commons.wikimedia.org/wiki/File:James_Bowdoin_II.jpg

[3] https://commons.wikimedia.org/wiki/File:Alexander_Hamilton_by_John_Trumbull,_1806.png

[4] https://commons.wikimedia.org/wiki/File:James_Madison(cropped)(c).jpg

[5] https://commons.wikimedia.org/wiki/File:Jim_Crow_sign,_anti-Latinx.jpg

[6] https://commons.wikimedia.org/wiki/File:Dred_Scott_photograph_(circa_1857).jpg

[7] https://commons.wikimedia.org/wiki/File:The_Chinese_Must_Go_-_Mayor_Weisbach_poster.jpg

[8] https://commons.wikimedia.org/wiki/File:ChineseExclusionSkeletonCartoon.jpg

[9] bec, CC BY-SA 4.0 https://creativecommons.org/licenses/by-sa/4.0, vía Wikimedia Commons. https://commons.wikimedia.org/wiki/File:Unemployed_men_during_the_Great_Depression.jpg

[10] https://commons.wikimedia.org/wiki/File:Hazen_S._Pingree_Cyclopedia.png

[11] Hecho por ed g2s - talk., CC BY-SA 3.0 http://creativecommons.org/licenses/by-sa/3.0/, vía Wikimedia Commons. https://commons.wikimedia.org/wiki/File:NASDAQ_IXIC_-_dot-com_bubble_small.png

[12] Mosedschurte, CC BY-SA 3.0 http://creativecommons.org/licenses/by-sa/3.0/, vía Wikimedia Commons. https://commons.wikimedia.org/wiki/File:Cold_War_WorldMap_1962.png

[13] https://commons.wikimedia.org/wiki/File:John_F_Kennedy.jpg

[14] https://commons.wikimedia.org/wiki/File:Saddam_Hussein_in_1998.png

[15] Júlio Reis, CC BY-SA 3.0 https://creativecommons.org/licenses/by-sa/3.0/, vía Wikimedia Commons. https://commons.wikimedia.org/wiki/File:US_map_1864_Civil_War_divisions.svg

[16] https://commons.wikimedia.org/wiki/File:Ku_Klux_Klan_Virginia_1922_Parade.jpg

[17] https://commons.wikimedia.org/wiki/File:Wattsriots-burningbuildings-loc.jpg

[18] https://commons.wikimedia.org/wiki/File:US_64th_regiment_celebrate_the_Armistice.jpg

[19] https://commons.wikimedia.org/wiki/File:Korean_War,_train_attack.jpg

[20] https://commons.wikimedia.org/wiki/File:USAF_F-16A_F-15C_F-15E_Desert_Storm_edit2.jpg

[21] https://commons.wikimedia.org/wiki/File:15-09-26-RalfR-WLC-0098_-_Coca-Cola_glass_bottle_(Germany).jpg

[22] Michael Barera, CC BY-SA 4.0 https://creativecommons.org/licenses/by-sa/4.0, vía Wikimedia Commons. https://commons.wikimedia.org/wiki/File:Vintage_Grill_%26_Car_Museum_May_2017_16_(1958_Edsel_Skyliner).jpg

[23] Maximus saldana webb, CC0, vía Wikimedia Commons. https://commons.wikimedia.org/wiki/File:Betamax_Logo_1975.webp

[24] https://commons.wikimedia.org/wiki/File:Wright_First_Flight_1903Dec17_(full_restore_115)_(cropped).jpg

[25] https://commons.wikimedia.org/wiki/File:Hindenburg_disaster,_1937.jpg

[26] https://commons.wikimedia.org/wiki/File:Apollo_1_crew.jpg

[27] Usuario: Farcaster, CC BY-SA 3.0 https://creativecommons.org/licenses/by-sa/3.0, vía Wikimedia Commons. https://commons.wikimedia.org/wiki/File:Sectoral_Financial_Balances_in_U.S._Economy.png

[28] https://commons.wikimedia.org/wiki/File:Mortgages_and_interest_rates.webp

[29] Nehrams2020 (original), User:0xF8E8 (SVG), CC BY-SA 3.0 https://creativecommons.org/licenses/by-sa/3.0, vía Wikimedia Commons. https://commons.wikimedia.org/wiki/File:EnronStockPriceAugust2000toJanuary2001.svg